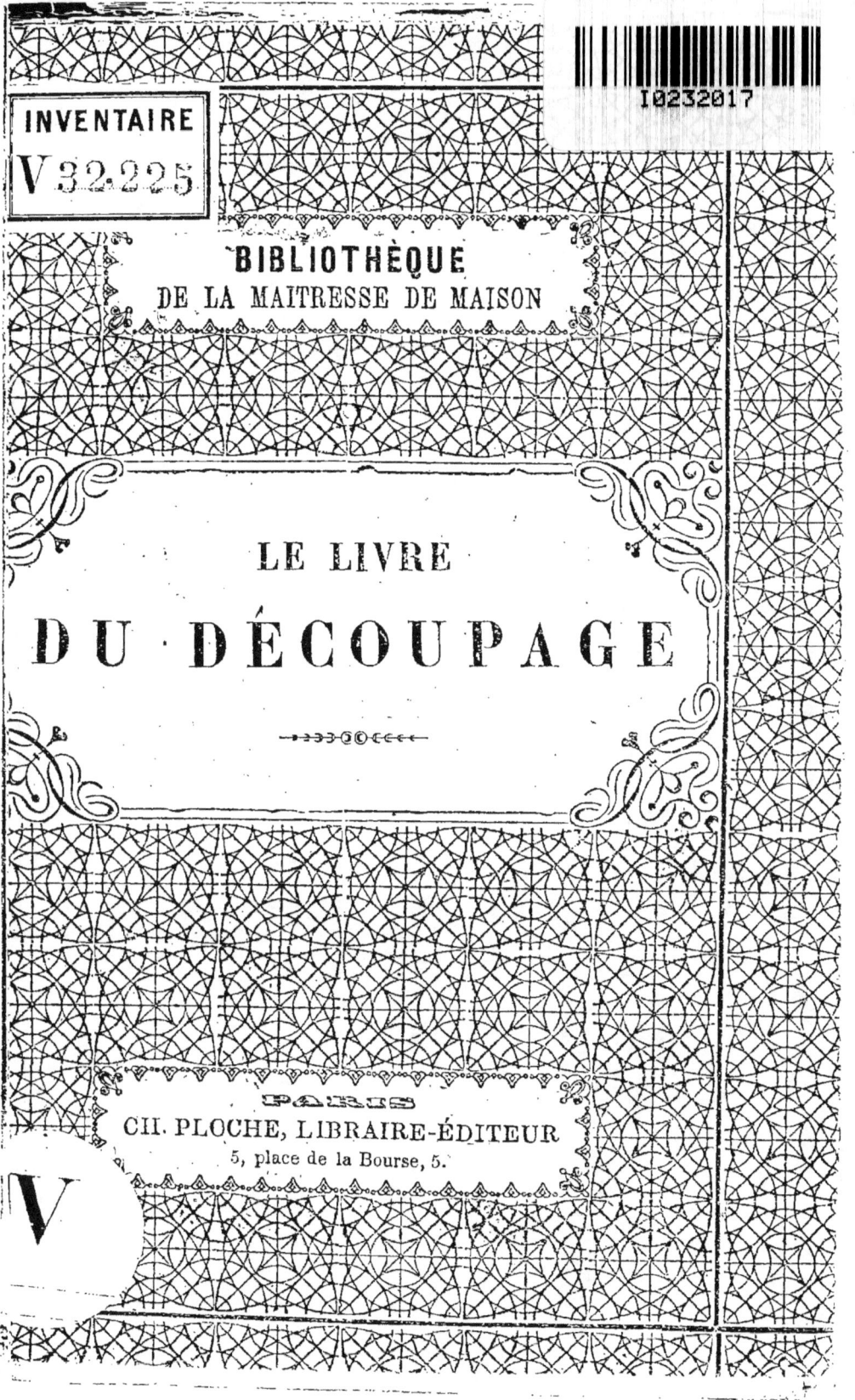

LE LIVRE

DU DÉCOUPAGE.

PARIS, IMP. DE SCHILLER AÎNÉ, 11, RUE DU FAUB.-MONTMARTRE.

LE LIVRE

DU

DÉCOUPAGE A TABLE

OU

MANUEL

DE L'ÉCUYER TRANCHANT,

PAR

EUGÈNE WOESTYN.

PARIS

CH. PLOCHE, LIBRAIRE-ÉDITEUR,

5, Place de la Bourse.

—

1852

DE
L'ART DE DÉCOUPER.

CHAPITRE Ier

Résumé historique.

Sans parler des Grecs et des Romains dont on aspire à être délivré chez nous, déjà depuis longtemps, et dont la cuisine, d'ailleurs, paraîtrait peut-être, malgré tous ses raffinements, légèrement barbare; sans remonter aux époques reculées de notre monarchie où l'on se piquait moins de délicatesse que de profusion, si l'on en croit les gigantesques menus que nous ont conservés les chroniqueurs du bon vieux temps, nous reconnaîtrons que, dès le seizième siècle, les procédés alimentaires constituaient chez nous un art qui, loin de se perdre comme tant d'autres, est allé en grandissant, si bien que, sans fatuité, l'on peut dire qu'aujourd'hui la France est, pour la cuisine, le premier pays du monde.

En effet, l'Angleterre où Mirabeau ne trouvait de poli que l'acier, et de mûr que les pommes cuites, avec ses bœufs entiers rôtis au foyer du *symposium*, rappelle les festins homériques sans solliciter les appétits délicats, et c'est assurément en vue d'elle que Brillat-Savarin émettait cet apophtegme d'une si haute portée philosophique :

« L'homme mange, l'homme d'esprit seul sait manger ! »

En Espagne, la misère des posadas est un fait si notoire, que ce sont les voyageurs qui y nourrissent les aubergistes; un fantôme de cuisine y alimente un fantôme de peuple. L'Italie vit de macaroni et de pastèques; la Hollande, de bière, de tulipes, de tabac et de stocfichs; l'Allemagne, de choucroûte et de lard fumé, le reste à l'avenant. Ce n'est donc qu'en France qu'on pratique la science du bien vivre, pour parler comme Rabelais, ce grand maître en l'art de *jouer des mangeoires*.

En avançant qu'au seizième siècle revenait l'honneur d'avoir élevé à la hauteur de l'art ce qui jusque-là n'avait été qu'un métier, nous ne craignions point d'être contredits, car nous nous appuyions sur Montaigne. L'auteur du bréviaire des honnêtes gens aimait, on le sait, à étudier l'homme dans les *âmes neuves*, comme les enfants, les paysans et tous gens de basse extraction; aussi conversait-il souvent avec le maître-d'hôtel du cardinal Antoine Carafe, l'éditeur de la Bible des Septante, et voici comment il raconte un de ces entretiens :

« Je lui faisoy compter de sa charge. Il m'a fait
» un discours de cette science de gueule, avec une
» gravité et contenance magistrale comme s'il
» m'eust parlé de quelque grand poinct de théolo-
» gie. Il m'a déchiffré une différence d'appétis :
» celuy qu'on a à jeun, qu'on a après le second et
» tiers service : les moyens tantôt de l'éveiller et
» picquer : la police des sauces premièrement en
» général, et puis particularisant les qualitéz des
» ingrédients et leurs effects : les différences des
» salades selon leur saison, celle qui doit estre ré-
» chauffée, celle qui veut estre servie froide, la
» façon de les orner et embellir, pour les rendre
» encore plaisantes à la vue. Après cela, il est entré
» sur l'ordre du service, plein de belles et impor-
» tantes considérations : et tout cela enflé de riches
» et magnifiques paroles; et celles-mesme qu'on

» emploie à traicter du gouvernement d'un em-
» pire. »

Ainsi, le fait est bien acquis, sous Charles IX, la cuisine se préoccupait des condiments, de la variété des assaisonnements, etc., etc. Cette sensualité raffinée nous était venue d'Italie avec Catherine de Médicis, l'héritière des protecteurs de tous les arts. Jusqu'à Louis XIV, ses progrès furent sinon arrêtés, du moins comprimés; les troubles de la Ligue, les intrigues de la régence de Marie de Médicis, la terreur qu'inspirait Richelieu et la guerre de la Fronde se jetèrent sur sa route comme autant d'obstacles; mais à la mort de Mazarin, la cuisine prit un vaste essor, et bien que le grand roi fût plutôt un gros mangeur qu'un gourmand délicat, l'art culinaire atteignit, sous son règne, d'énormes proportions; nous n'en voulons d'autre preuve que la mort de Vatel à Chantilly. Vatel se tuant parce que la marée n'arrivait pas, et qu'un service boiteux le deshonorerait, en dit plus que tous les commentaires. L'histoire, en outre, a conservé le souvenir des soupers d'Auteuil où Molière, Chapelle, Boileau, Racine devisaient, après boire, de l'immortalité de l'âme; c'est dans une de ces réunions, Molière absent, que furent improvisés *les Plaideurs*, admirable comédie où l'on reconnaîtrait plutôt la touche du *grand maître en fait de vilénies*, comme les faux dévots nommaient Molière, que celle de l'élégiaque auteur d'*Esther* et de *Bérénice*, si ces deux beaux génies n'eussent été brouillés en ce moment. C'est de cette époque aussi que date réellement la concurrence des établissements publics avec le foyer domestique, dans les hautes sphères de la société: seulement, alors, ces temples de la bonne chère se contentaient du modeste titre de cabarets, mais ils n'en étaient pas moins les précurseurs de la Maison d'Or, du café de Paris et du café de Chartres.

Sous le Régent et Louis XV, l'art culinaire se

perfectionna; on pourrait presque dire qu'il atteignit son apogée, si toute chose qui nous semble parfaite en ce bas monde n'était encore et toujours susceptible de perfection. Les grandes fortunes qu'édifia le système de Law, la dilapidation des finances au profit des courtisans, permirent aux grands seigneurs et aux traitants de rivaliser de luxe et de sensualité avec le roi, et la tradition s'en conserva sous le règne suivant, bien que, doué d'un appétit robuste et bourgeois, Louis XVI préférât le miroton aux ragoûts les plus délicats; mais les maréchaux de Richelieu et de Duras, le duc de la Vrillière, le marquis de Brancas, les comtes de Provence et de Tessé demeurèrent fidèles à leurs précédents, imités en cela par les financiers qui, protégeant les encyclopédistes, se souciaient médiocrement de singer les habitudes royales. Aussi, la fumée des cheminées du faubourg Saint-Honoré parfumait alors délicieusement l'atmosphère, et, s'il eût vécu, le célèbre parasite Montmaur, juché au plus haut étage du collége de Boncour, l'eût aspirée à pleines narines et s'en fût pourléché jusqu'aux oreilles, tandis qu'affriandé par les émanations des soupiraux, son collègue Colletet eût mangé son pain à l'odeur du souper.

La révolution fut un temps d'arrêt dans le développement de cette prospérité; on chantait: *mangeons à la gamelle!* et nos modernes Spartiates, pour brouet noir, n'avaient que le pain bis chichement mesuré par la municipalité, en raison de l'épuisement des greniers publics. Pourtant il est utile de noter que la révolution eut un heureux résultat, en ce sens qu'elle démocratisa la bonne chère; voici comment: les chefs d'office et les maîtres-d'hôtel des grandes maisons étant sans place, et n'espérant plus trouver d'individualités assez riches pour payer leurs talents, firent ce calcul, digne d'un Necker ou d'un Turgot, que cent petites bourses équivalent à une grosse, et s'enrôlèrent au service du public. C'est en effet de ce temps que date l'ouverture de la plupart des restaurants les mieux famés de la capitale, glorieux bataillon où de nouveaux combattants remplacent ceux qui tombent; ainsi, nous avons vu mourir le Veau qui Tette, le Rocher de Cancale, les Vendanges de Bourgogne, le Cadran Bleu, et s'élever Deffieux, Dagneaux, Vachette, Philippe, la Maison d'Or.

Le Directoire, heureusement, ralluma le feu sacré des fourneaux, et les gourmands reconnaissants ont gardé mémoire des soupers du Luxembourg. Plus tard, quand Napoléon rappela les émigrés, le gibier qui, grâce aux razzias populaires dans les forêts royales et les parcs princiers, semblait avoir émigré aussi, reparut plus varié, plus appétissant que jamais. L'empereur, on le sait, ne perdait pas de temps à table, dix minutes les jours ordinaires, un quart d'heure pour les festins d'apparat, telle était sa règle; mais Cambacérès et bien d'autres étoiles de la pléiade impériale ne se piquaient pas de cette frugalité cénobitique, et s'indemnisaient, dans leurs somptueuses résidences, du jeûne qu'on leur imposait aux Tuileries. Rappelons, en passant à ce sujet, la réponse d'un de ses convives à Napoléon qui, se levant de table, lui disait:

— Mais, vous n'avez pas fini, général?

— Pardonnez-moi, sire, j'avais fini avant de venir.

La Restauration fut l'Eldorado de la gourmandise. Louis XVIII ne dédaignait pas de s'entretenir avec son maître d'hôtel, et maintes fois, les ministres firent antichambre à la porte du cabinet royal, où se débattait, non pas l'avenir du monde, mais un nouvel assaisonnement. La chronique dit même que le roi très chrétien ne dédaignait pas de mettre la main à la pâte, à l'instar d'Horace et de Cambacérès, qui mourut d'une indigestion de boudin de sanglier préparé selon la savante formule qu'il avait lui-même rédigée. Quand nous aurons encore cité les célèbres dîners où M. de Villèle truffait la conscience des ventrus du centre, et les agapes libérales à l'aide desquelles M. Laffitte surexcitait le zèle de l'opposition, nous serons arrivés à une époque dont la contemporanéité nous interdit de nous occuper.

Pour clore ce préambule, que nous aurions voulu moins long, quelques citations nous semblent indispensables ; elles démontreront victorieusement ce que nous avons tenté de prouver, l'importance de la cuisine, en donnant quelques-uns des noms de ses illustres adeptes.

Le marquis de Béchamel inventa le procédé pour apprêter à la crème le turbot et la morue. Le pain à la d'Orléans nous vient du régent ; le baba, de Stanislas Leczinski, roi de Pologne ; les petites bouchées à la reine, de sa fille Marie Leczinska. femme de Louis XV. La mayonnaise ou bayonnaise, dont le vrai nom devrait être mahonnaise, fut inventée par le duc de Richelieu, alors qu'il faisait le siége de Mahon. C'est au même que l'on doit les boudins de carpe et la popularité du vin de Bordeaux qui, avant lui, ne dépassait pas les limites de la province. Les côtelettes à la Soubise nous ont été léguées par le maréchal de ce nom, en indemnité de la perte de la bataille de Rosbach. Les riz de veau à la d'Artois furent imaginés par Charles X ; les potages à la Xavier et à la Condé par Louis XVIII et le prince de Condé qui commandait l'armée du Rhin. Le carré de veau à la Guéménée est de l'invention du prince de Guéménée, célèbre par sa banqueroute de vingt-huit millions. Le beurre de Vanvres, qu'on préféra longtemps pour les sauces blanches à ceux de Gournay et d'Isigny, parce qu'il arrivait plus frais à Paris, doit sa réputation à Mlle de Condé, qui avait établi dans ce village une laiterie sur le modèle de celle de Chantilly. Enfin, les filets de veau à la Montgolfier furent ainsi nommés, parce que leur boursouflure rappelle les montgolfières, ce premier terme de l'art dont M. Petin a la prétention de dire le dernier mot, si toutefois New-Yorck est plus hospitalier que Paris et Londres pour cet Aashverus de l'aréostatique.

Après ce modeste aperçu historique, nos lectrices accueilleront sans ennui, nous l'espérons, un cours succinct de la dissection des viandes. Jadis, le dernier professeur qu'on donnait à un jeune homme était un écuyer tranchant, avec lequel il apprenait à faire les honneurs de la table; il n'en est plus de même aujourd'hui, et nombre de maîtres de maison en sont réduits, vu leur impuissance, à abdiquer leur royauté d'amphytrion et à recourir à la complaisance et à la dextérité de leurs convives, ce qui est gênant pour les uns et pour les autres. Puissent les principes que nous allons énumérer, les mettre à même de remplir leurs devoirs sans le secours d'autrui; nous n'avons pas eu d'autre but en prenant la plume.

L'art de découper remonte à la plus haute antiquité, ainsi qu'en témoigne un manuscrit des Bernardins flamands, qui se trouve à la bibliothèque de Bruxelles. Les grandes maisons avaient autrefois un écuyer tranchant pour l'exercer; cette charge était la première de la domesticité et permettait le port de l'épée; chez le roi, c'était un gentilhomme qui en était investi; mais l'écuyer tranchant disparut après Louis XIV. Le désir d'éviter l'indiscrétion des valets fit qu'on y renonça, et dès lors, ce fut l'amphytrion qui découpa lui-même. L'Allemagne est le seul pays où cette fonction soit encore en vigueur.

Le premier soin d'un maître de maison désireux de bien découper, doit être de choisir des couteaux et des fourchettes de diverses dimensions, et proportionnés aux pièces sur lesquelles il veut opérer. Il faut que les couteaux aient le fil et soient passés chaque jour sur une pierre à l'eau. Les fourchettes d'acier doivent être fortes, pointues et déliées. Pour bien découper, s'il est besoin de se tenir debout, on ne reculera pas devant cette exigence, et à mesure que les morceaux sont détachés, on les placera, soit séparément dans une assiette qu'on envoie à un convive déterminé, soit collectivement sur un plat, qui passe à la ronde, et où chacun choisit le morceau qui lui convient. Le choix entre ces deux manières est tout à fait à la discrétion de l'amphytrion; l'une et l'autre sont usitées.

CHAPITRE II.

Les viandes de boucherie.

DU BŒUF.

A tout seigneur, tout honneur; le bœuf étant la pierre fondamentale de la cuisine, nous commencerons par lui. La pièce de bœuf vulgairement nommée *bouilli* ne se sert plus dans les dîners priés, mais nous supposons nos lectrices trop bonnes ménagères pour ne pas utiliser la viande de leur pot-au-feu, d'autant qu'il est facile d'en relever l'insapidité, soit avec une sauce tomate, soit avec une tranche de melon; aussi donnerons-nous la règle de sa dissection.

On prend pour mettre au feu, ou la culotte, ou la tranche, ou la poitrine; la tranche donne le meilleur bouillon; la culotte est plus estimée pour relevé de potage. Avant d'y mettre le couteau, le morceau étant préalablement dépouillé de ses os, de ses nerfs et de sa graisse superflue, on doit chercher le fil de la viande et couper en travers par tranches minces, ainsi que l'indique cette planche.

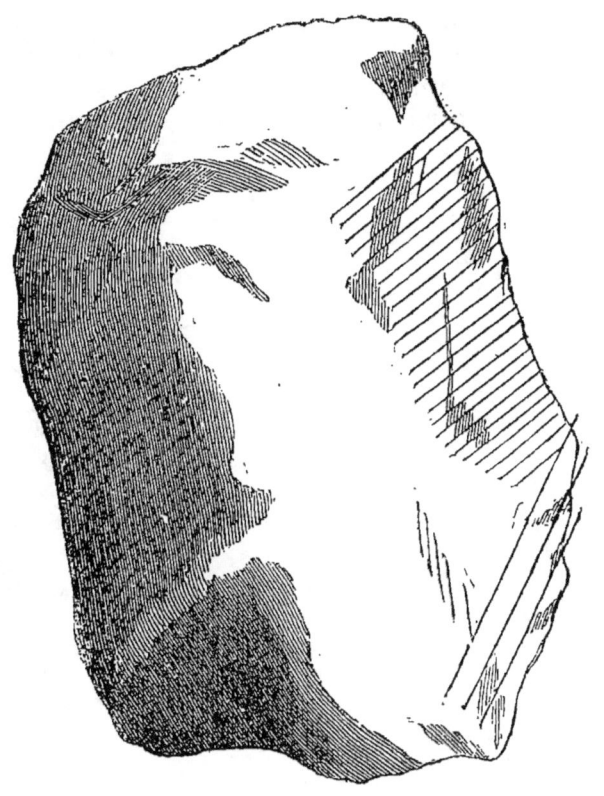

Si l'on a affaire à de la poitrine, les os étant a partie la plus délicate, on les divisera, afin qu'il y en ait pour tous. On suivra la même méthode à l'égard du bœuf à la mode, en ayant soin de couper de façon que les lardons soient pris en travers.

Le bœuf fournit deux rôtis : le filet proprement dit, dont la division s'opère par rouelles, et l'aloyau ou rosbiff, dans lequel on prélève d'abord le morceau de filet comme étant le plus délicat, et qu'on découpe par rouelles.

Ensuite, on procède de même pour le restant de la pièce, connue sous le nom de *morceau des clercs*, en souvenir, sans doute, de l'avarice sordide des anciens procureurs. Plus ferme que le filet, sa viande a meilleur goût et les connaisseurs le préfèrent quand le rosbiff a été convenablement mortifié.

DU VEAU.

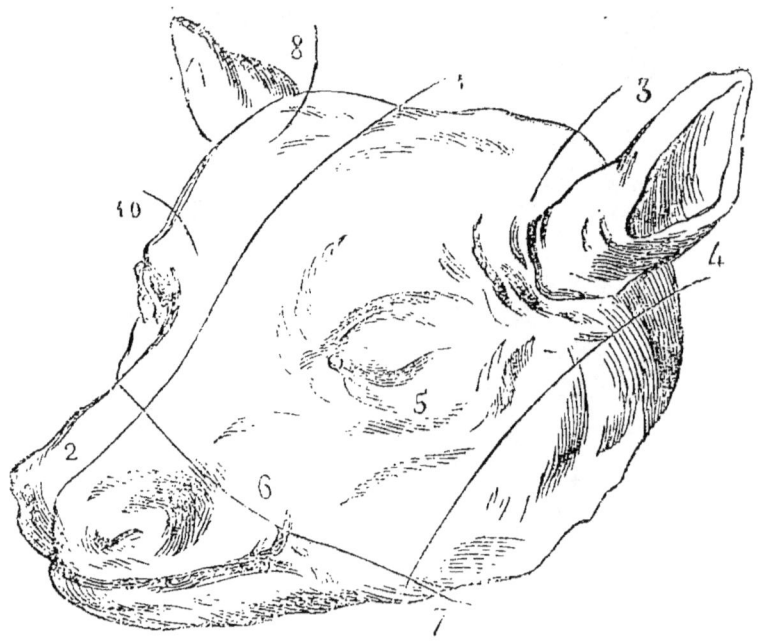

La tête de veau se mange bouillie avec une sauce piquante ou simplement à la vinaigrette. Avant de la mettre sur la table, on doit enlever la partie supérieure du crâne, afin de permettre à celui qui la sert d'y puiser la cervelle sans difficulté. Voici la hiérarchie des morceaux : les yeux, les bajoues, les tempes, les oreilles et la langue ; cette dernière se met ordinairement sur le gril. Avec chacun, on aura soin de servir un peu de cervelle; les dents de lait s'offrent aux dames. On enlève la cervelle et les yeux avec la cuillère; on coupe le reste. La tête de veau en tortue sortant de notre cadre, nous n'en parlons que pour mémoire.

La noix, les fricandeaux, les riz-de-veau se servent à la cuillère. Notre seule observation pour la dissection du foie, c'est qu'il faut le couper à contre-sens des lardons.

Un carré de veau rôti se découpe de deux façons :

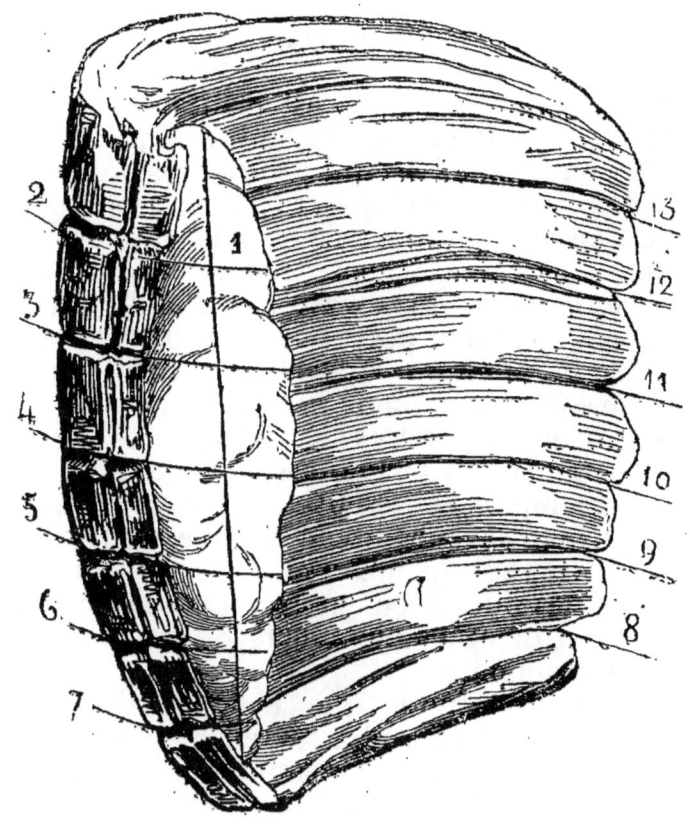

soit en séparant les côtelettes dans le sens de leur longueur, de façon que chacune retienne la portion de rognon et de filet qui y adhère, soit en enlevant d'abord le filet, ensuite le rognon, que l'on divise à part, et en partageant ensuite les côtes à l'entour desquelles il reste un peu de chair, et surtout une peau rissolée, dont les dames, moins grosses mangeuses que les hommes sont très-friandes. Cette dernière méthode est la plus nouvelle et la meilleure; elle plaît surtout aux ménagères, parce qu'elle respecte le rognon qui fournit pour le déjeûner du lendemain une excellente omelette.

DU MOUTON.

La dissection du gigot est d'autant plus importante que sa tendreté dépend presque toujours du plus ou moins d'art qui y aura présidé. Là aussi, il y a deux manières d'opérer : quand on est sûr d'avoir un gigot de bonne race et pour employer la locution proverbiale, tendre comme une rosée, on prend le manche de la main gauche (voir la planche), puis on coupe perpendiculairement des tranches depuis la jointure jusqu'aux os du filet; ensuite on enlève *la souris*, ou le muscle du manche; puis, on retourne le gigot et l'on détache les parties de derrière, ainsi que l'indique notre gravure.

A cette méthode essentiellement primitive, les fins gourmands substituent la dissection par tranches curvilignes, en observant que les tranches du dos sont les plus succulentes. Notre graveur a reproduit ces deux manières de façon à en donner une idée très-complète.

Il convient de noter, que ce double mode de découper le gigot, ne s'adresse qu'aux pièces dont la tendreté est authentique; comme, par exemple, les produits des Ardennes et surtout ceux dits de Pré-Salé.

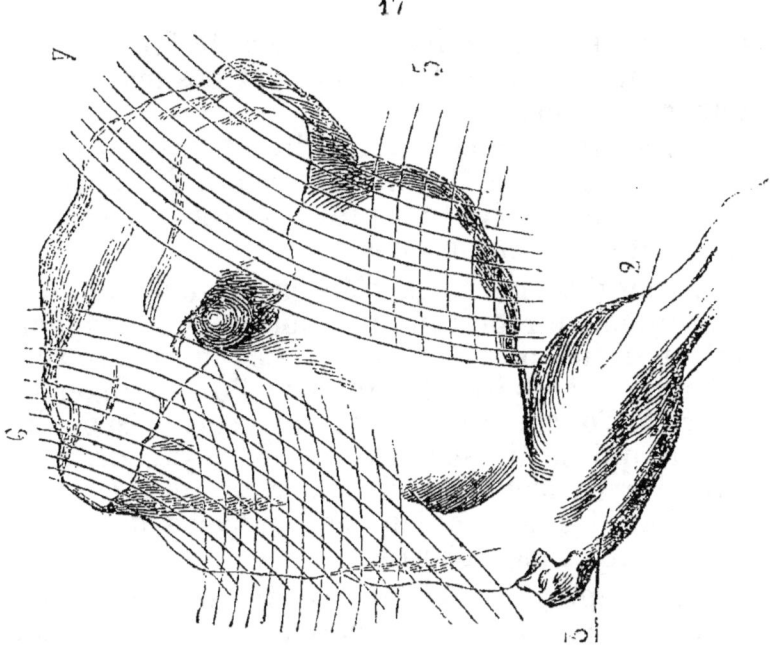

Mais un gigot tendre est, comme le merle bl
quelque chose de fabuleux ; aussi la méthode
kins est-elle généralement usitée, voici en quoi
consiste : au lieu de couper perpendiculair'em
vous coupez horizontalement, comme si vous r
tiez une planche. Les tranches doivent être
minces que possible. L'opération terminée,
percez votre gigot d'outre en outre, afin d'en
écouler le jus sur vos tranches, vous y exprime
citron, ajoutez poivre, sel et muscade, et poss
un salmis tôt fait d'un haut goût. Si nous insis
sur l'utilité de faire rendre au gigot tout son
c'est que ce jus constitue toute sa succule
Écoutez plutôt ce qui arriva à Brillat-Savarin.

En voyage, il entre dans une auberge et dema
à souper. On lui répond qu'il n'y a rien, et con
son regard étonné se promène des fourneaux où
jotent une demi-douzaine de ragoûts, à la bro
où tourne lentement un énorme gigot, l'auberg

ajoute que toutes ces bonnes choses, le fond de son garde-manger, ont été retenues par des marchands pour leur souper.

— Allez leur demander, dit Brillat-Savarin, si, en se serrant un peu, ils ne pourraient faire place à un nouveau convive tout prêt à payer son écot en argent et en joyeux propos.

L'aubergiste hoche la tête en signe de doute et monte, mais il redescend presque aussitôt rapportant un refus, un refus formel. Ces messieurs veulent causer d'affaires, la présence d'un étranger les gênerait. Touché, sans doute, du cruel désappointement qui se lit sur le visage du voyageur, il lui offre des haricots de Soissons; c'est tout ce qu'il peut distraire, sans qu'on s'en aperçoive, du souper commandé et payé d'avance.

— J'accepte, dit Brillat-Savarin, mais au moins vous me permettrez de mettre mes haricots dans la lèchefrite; si je n'ai pas le rôti, j'en aurai la fumée.

— Je n'y vois pas d'inconvénients, répond l'aubergiste; et il verse lui-même un bon tiers de sa caserole dans la lèchefrite où frissonne la graisse du gigot.

Brillat-Savarin s'installe au coin de l'âtre, et, pendant que le Vatel de grande route a le dos tourné, fouille avec une lardoire dont il s'est emparé, les flancs du rôti; un sang généreux s'échappe des blessures, il multiplie ses coups, pas un coin n'échappe à sa terrible lardoire cent fois plus meurtrière que les Balizarde et Durandal des romans chevaleresques, le jus ruisselle, parfumant délicieusement les organes olfactifs de l'audacieux assassin, mais bientôt ce dernier est obligé d'imposer silence à son acharnement; sauf quelques gouttes rares filtrant à de longs intervalles, le gigot ne donne plus signe de vie.... Alors, Brillat-Savarin emporte la précieuse lèchefrite, bien sûr de ne laisser qu'un cadavre à ses incivils compagnons....

Les haricots étaient excellents, et le spirituel gourmand dîna ce jour-là comme un roi de Cocagne.

Mais revenons à nos moutons.

L'épaule se découpe d'après les deux méthodes indiquées pour le gigot. La chair la plus voisine des os est la plus tendre, ainsi que celle de l'omoplate désignée dans notre planche par les chiffres 8, 9 et 10. Le dos de l'épaule, marqué 7, a plus de saveur et est plus gras que le dedans.

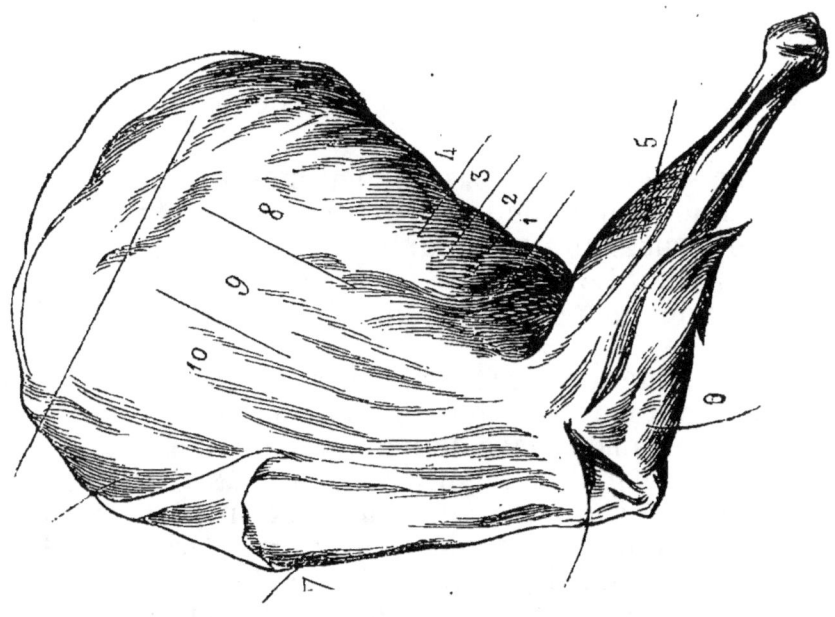

Le carré de mouton piqué de persil s'appelle le rôti du philosophe; malgré toutes nos recherches, nous n'avons pu découvrir l'étymologie de cette dénomination. Les fins gourmets remplacent le persil par des filets d'anchoix. Ce rôti se découpe par côtelettes dans le sens de la longueur.

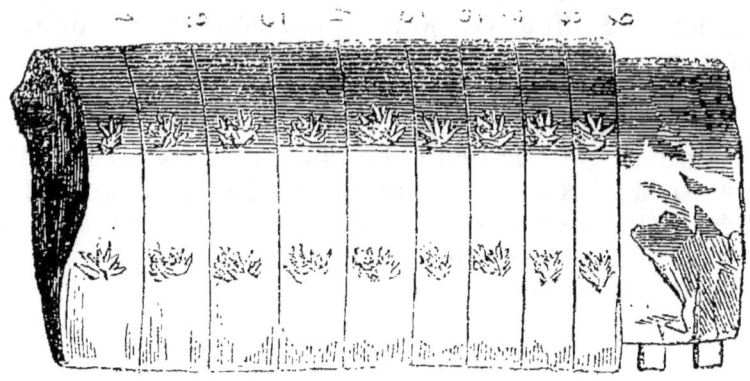

DU SANGLIER ET DU COCHON.

Le sanglier n'est pas un mets bien répandu, mais comme nombre de nos lectrices peuvent avoir des maris chasseurs, nous lui donnerons place dans notre revue. Le filet et le carré de sanglier se découpent de même que le filet de bœuf et le carré de mouton.

L'échinée de porc frais se découpe comme le carré de mouton ; beaucoup de personnes la mangent avec une marmelade de pommes ; c'est, ma foi, tout aussi bon qu'un gigot à la gelée de groseilles et qu'un rôti de veau aux pruneaux, mets anglo-allemands dont les pseudo-tavernes de Paris offrent à leurs habitués l'échantillon peu délicat.

Un jambon de Bayonne ou de Mayence rôti est un plat fort recherché; on le fait dessaler, on le rôtit à l'ordinaire en l'arrosant avec d'excellent vin de Malaga, qu'on fait ensuite réduire jusqu'à ce qu'il ait pris la consistance d'une sauce. Le jambon rôti se découpe comme le gigot.

La hure, dont les charcutiers de Troyes font un manger si délicat, se sert désossée, fumée, froide et cuite comme le jambon ; on la divise un peu au-dessous des défenses, puis on la coupe par tranches, soit en remontant, soit en descendant. On rapproche ensuite les deux parties, et on les assujettit par une brochette pour empêcher de sécher.

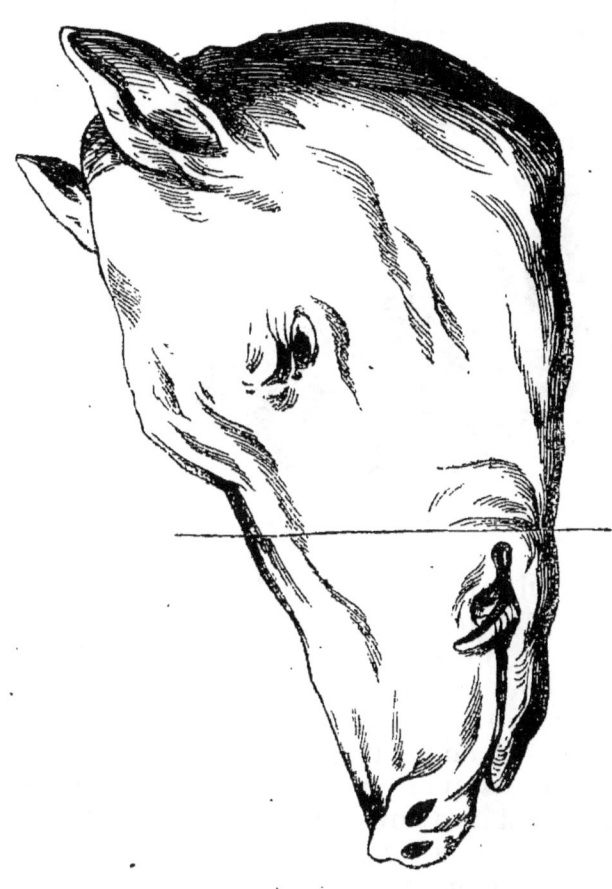

On divise le jambon comme l'indique notre gravure.

JAMBON.

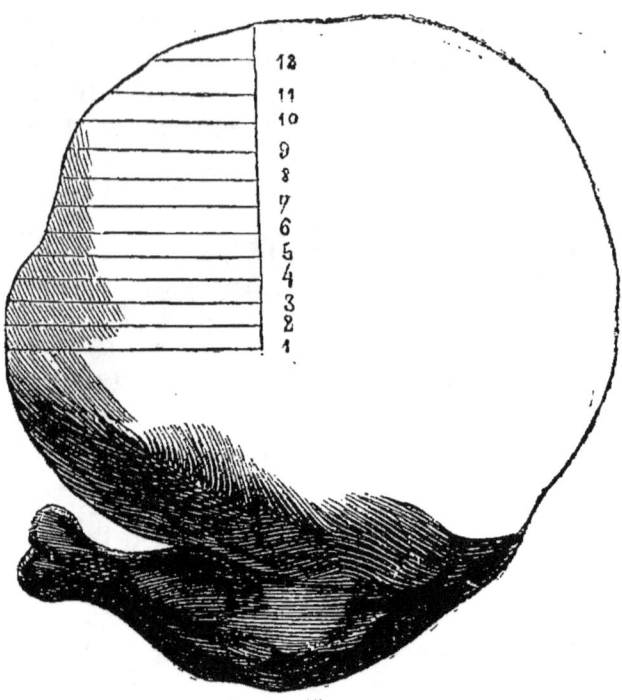

seulement, il faut avoir soin de se munir d'un couteau à lame mince et bien affilée.

Le cochon de lait est un rôti fort estimé. Dès qu'il paraît sur la table, on doit le décapiter si l'on veut manger sa peau croquante ; autrement, elle se ramollirait, et l'on sait que cette peau ferme et rissolée, connue sous le nom de *drap d'or*, est le morceau le plus délicat du cochon de lait. On la coupe par carré, en enlevant un peu de chair avec les portions de peau. Le reste est fade et d'une digestion difficile. Notons que la peau du ventre est le morceau d'honneur.

COCHON DE LAIT.

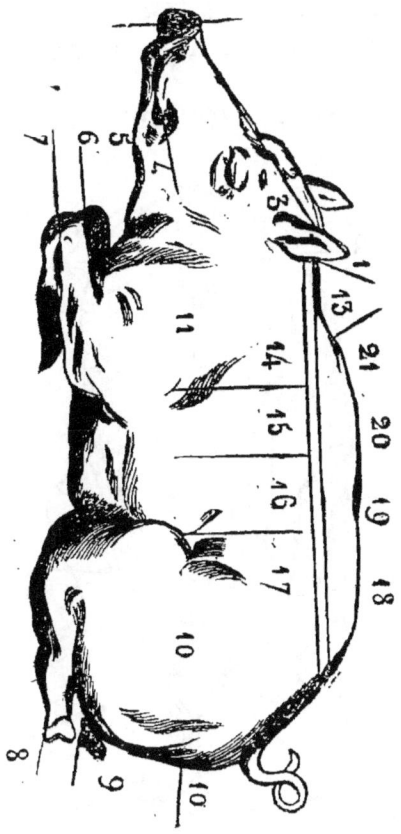

DU CHEVREAU ET DE L'AGNEAU.

La dissection du chevreau et de l'agneau s'opère de la même façon.

On divise d'abord la bête en deux parties égales, en partant du point 1 jusqu'à la queue ; chaque quartier se subdivise en côtelettes ou doubles côtelettes, ainsi que le marquent les chiffres 2, 3, 4, 5, 6, 9, 10, 11, 12 et 13 ; on sépare les cuisses aux

ints 7 et 14, et l'on coupe les gigots par tranches
x points marqués 8 et 15. Dans l'agneau, l'on pré-
e les côtelettes, dans le chevreau le gigot : tous
ux demandent une sauce relevée.

AGNEAU OU CHEVREAU.

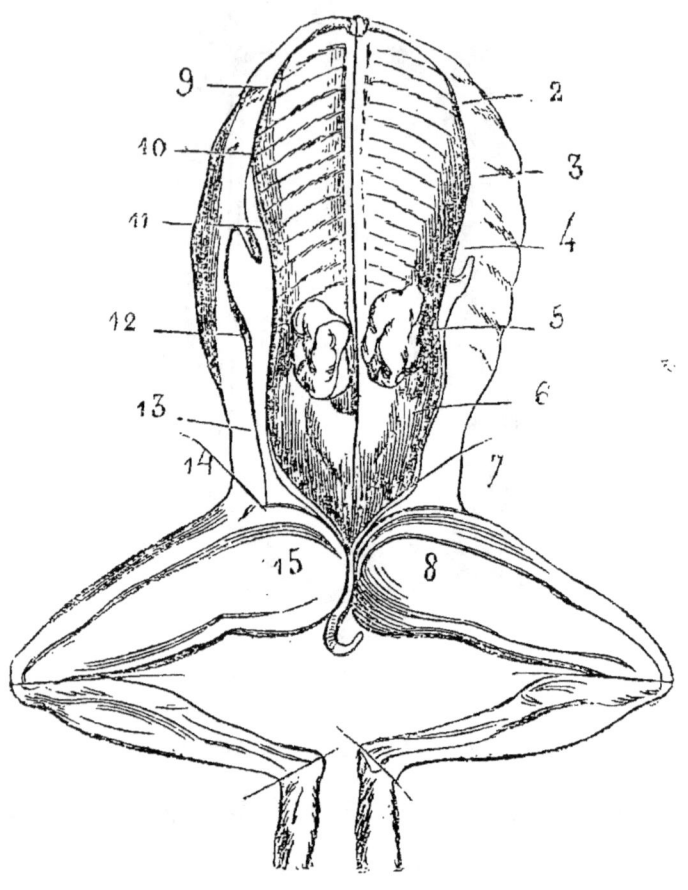

CHAPITRE III.

Le Gibier à poil.

LAPIN.

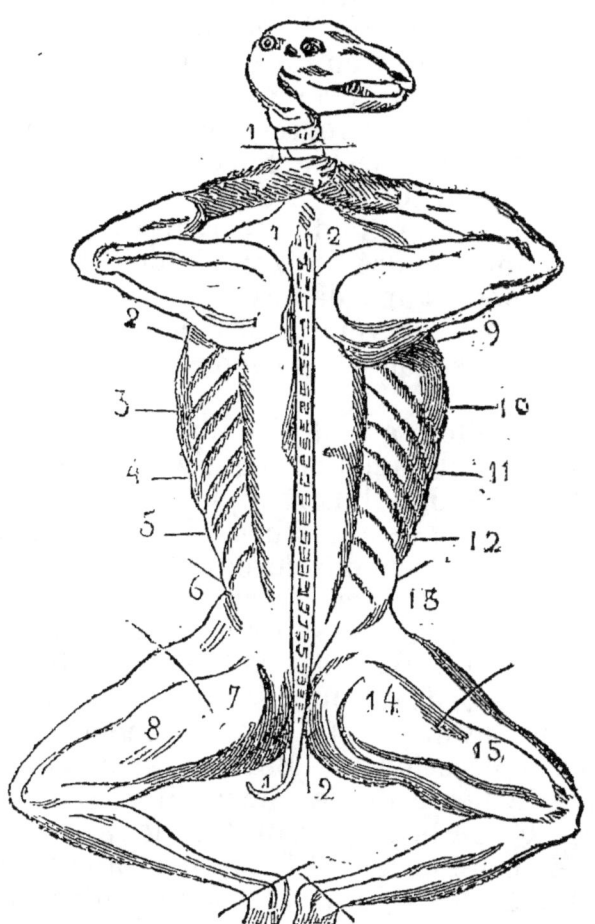

Le lapin de garenne demande à être bardé ; son arôme, extrêmement volatil, étant de nature à s'évaporer sans cette précaution. S'il est fort, on le découpe comme le lièvre ; si ce n'est qu'un lapereau, on le coupe en travers, comme le montre notre planche.

Le lièvre veut être piqué ; le morceau d'honneur est la queue, avec la chair qui y adhère ; ensuite on enlève le rable, depuis l'épaule jusqu'à la naissance de la cuisse ; après, l'os du rable, que les dames aiment à grignotter ; enfin, la partie supérieure des cuisses, que l'on coupe en forme d'entonnoir.

Le lièvre se sert avec une sauce piquante, où doivent entrer, comme ingrédiens principaux, le vinaigre, les câpres et les anchoix. Le lapin s'assaisonne tout bonnement avec du jus de citron. N'oublions pas que la cervelle du lapereau est fort délicate. Il faut donc fendre horizontalement la tête et en offrir les moitiés aux dames.

Un quartier de chevreuil doit être piqué de lard et d'anchoix, faisandé et mariné : on le découpe comme le gigot.

A propos du gibier à poil, il nous revient en mémoire une anecdote que nous consignerons ici :

M. de Talleyrand, l'illustre diplomate, était fort jaloux de sa chasse, et se croyait, de la meilleure foi du monde, un second Nemrod. Comme son rival en politique, M. de Metternich envoie aux têtes couronnées des quartauts de son vin de Johannisberg, M. de Talleyrand expédiait volontiers à tous les princes et altesses de sa connaissance des bourriches du gibier qu'il avait tué. Or, voici comment il procédait à cette occasion : — Boîteux, et ne pouvant poursuivre le lièvre ou le chevreuil à travers les méandres de son beau parc de Valençay, le prince s'asseyait dans un excellent fauteuil à roulettes que des valets poussaient d'une allée à une autre, selon les hasards de la chasse ; quand les chiens lui rabattaient une bête à portée, M. de Talleyrand épaulait son fusil, chef-d'œuvre de Lepage, tirait, et l'animal roulait, infailliblement frappé à mort. Il est bon d'ajouter que derrière le fauteuil se tenait M. de Sarrauton, l'un des premiers tireurs de France, qui visait et lâchait son coup en même temps que le prince.

Le talent n'était pas d'abattre la pièce, mais de saisir l'instant précis où M. de Talleyrand appuyait le doigt sur la détente, afin d'éviter une double explosion. Quant à une double blessure, elle n'était pas à craindre, et sur des milliers de pièces abattues, le cas ne se présenta pas une seule fois.

CHAPITRE IV.

Du Gibier à plume.

Commençons par l'outarde. Ce paragraphe est plus spécialement destiné à nos lectrices de la Lorraine et de la Champagne, où l'outarde est plus commune ; dans les autres parties de la France on la rencontre rarement.

L'outarde étant de sa nature un peu coriace, vaut mieux braisée que rôtie. Une particularité de cet oiseau, c'est qu'il a sept chairs de couleur et de saveur différentes ; aussi sa dissection diffère-t-elle de celle des autres volatiles (voir la planche à la page suivante.

Après avoir tranché les pattes, on lèvera la cuisse gauche, puis, glissant le couteau vers le milieu de l'estomac jusqu'à l'aile gauche, on l'enlèvera par dessous. La même opération répétée à droite, on aura mis à découvert les différentes qualités de chair, et l'on pourra servir chacun selon son goût.

OUTARDE.

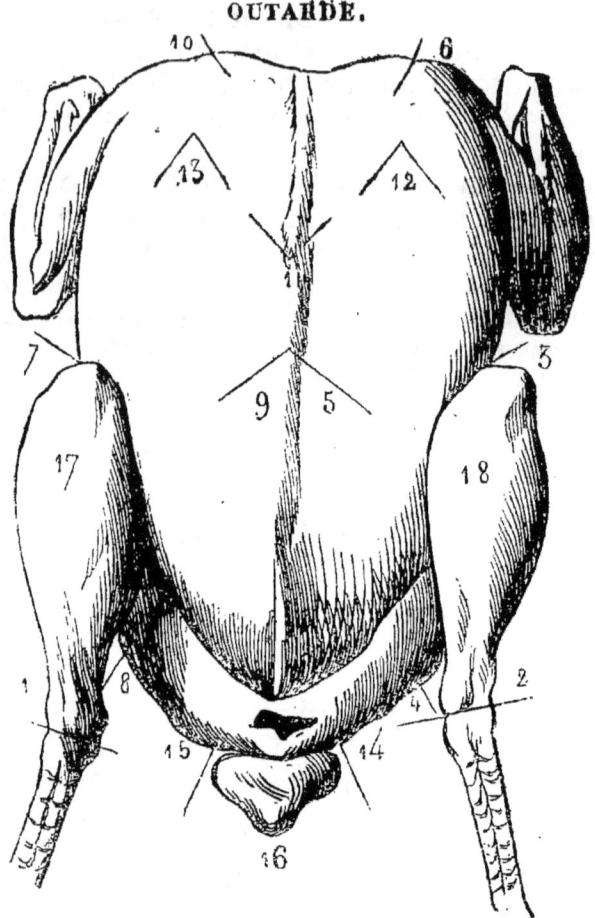

Le canard sauvage a besoin de crochet, parce qu'il est rarement tendre. Il se sert sur le dos. On le découpe en aiguillettes, qu'on prélève sur l'estomac aux dépens des ailes et même des cuisses. On doit le servir saignant, si l'on veut qu'il rende beaucoup de jus ; dans ce jus on exprime deux citrons, on y ajoute un filet d'huile vierge, du poivre, du sel, un peu de muscade, on laisse tremper les aiguillettes un instant, et l'on sert (voir la planche ci-après).

CANARD SAUVAGE.

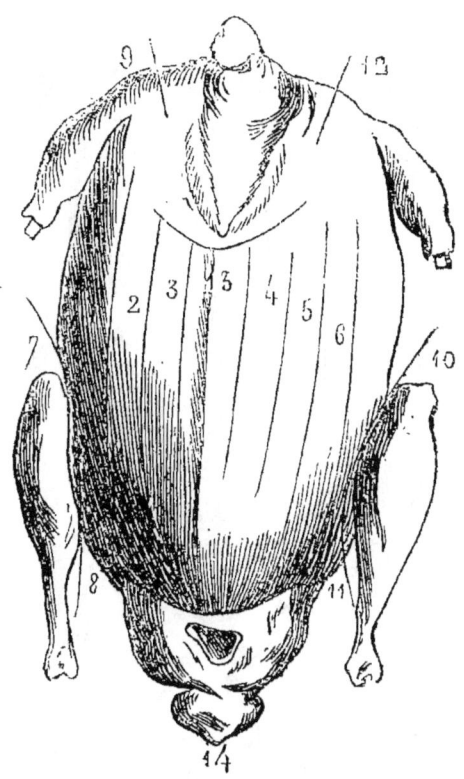

Il en est de même de la sarcelle (voir la page 30), qui a sur l'halbran cet avantage, qu'elle compose un rôti maigre comme la poule d'eau ; en outre, la sarcelle s'accommode, ainsi que le canard domestique, de vingt manières, tandis que l'halbran ne se mange que rôti.

Il est bon de noter que les vrais gourmands placent la sarcelle au premier rang ; on dit d'elle que c'est un régal de chanoine et de petite-maîtresse.

SARCELLE.

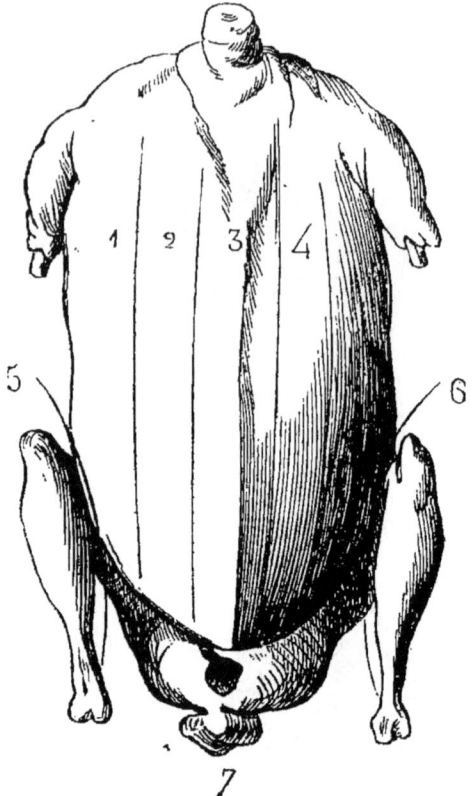

La morelle, ou poule d'eau, nous venons de l'écrire, donne un rôti maigre, c'est-à-dire qu'on peut la manger le vendredi et le samedi, sans contrevenir à ce commandement de l'Eglise :

    Vendredi chair ne mangeras,
    Ni le samedi mêmement.

Les ailes de cet oiseau étant très-enfoncées dans la chair, il est fort difficile d'en trouver la jointure. Pour ce faire, après avoir enlevé la cuisse, vous ferez glisser le couteau sur le milieu de l'aile, jusqu'au haut, en suivant l'estomac; l'aile, ainsi prise en dedans, se détachera sans difficulté. La chair de la morelle est lourde, compacte et de peu de goût; pour la relever et en rendre la digestion plus facile, vous y ajouterez une sauce comme celle du canard sauvage.

MORELLE.

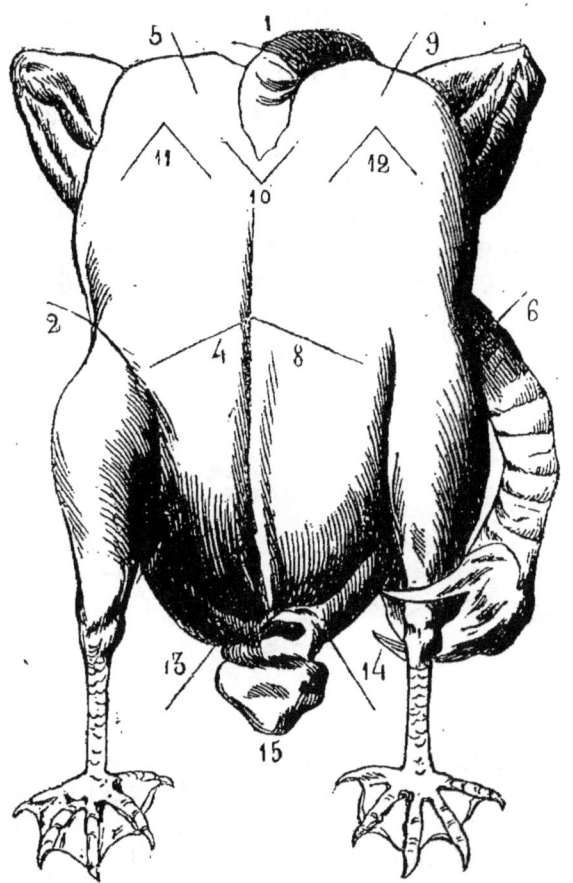

La bécasse ne se vide pas; on recueille précieusement sur une rôtie ses déjections, qui, non moins révérées que celles du grand lama, se voient disputées par les fervents amateurs de cet oiseau de passage. Assaisonnées de poivre, de sel et d'un jus de citron, ces rôties accompagnent dignement la chair de la bécasse. Pour la découper, vous enlevez d'abord les ailes, les cuisses, et vous séparez ensuite le croupion de la carcasse. L'aile est le morceau le plus délicat, mais la cuisse a plus de fumet. Ne jetez pas la carcasse, vous commettriez une hérésie culinaire de la plus haute gravité ; pilée dans un mortier, cette carcasse vous donnera une purée qui relèvera singulièrement votre première sauce noire. Nous n'abandonnerons pas la bécasse sans relater une singularité gastronomique : quelques fins gourmets enduisent sa tête de suif, la font griller ainsi préparée à la flamme d'une chandelle et la croquent. Ce n'est qu'une bouchée, mais elle est divine. La bécassine se coupe en deux et longitudinalement.

BÉCASSE.

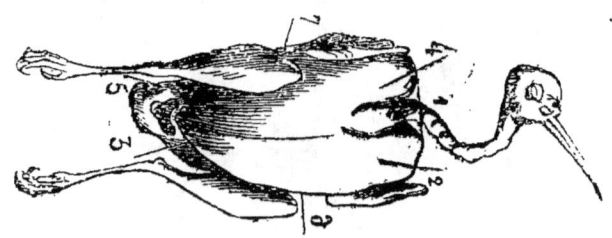

La perdrix joue un trop grand rôle sur nos tables pour que nous la tenions plus longtemps à l'écart. C'était le mets favori de Biancolelli, dit Dominique, le célèbre Trivelin de la comédie italienne Un jour qu'il devait jouer à Versailles son *Agnès de Chaillot*, parodie de l'*Inès de Castro* de Lamotte-Houdard, il assistait au dîner du roi, qui l'affectionnait beaucoup. Comme on offrait à Louis XIV des perdrix rouges, il répondit :

— Non, ce plat est pour Dominique.

— Les perdrix qui sont dessus en sont-elles, Sire? demanda le comédien.

Le monarque fit un geste d'acquiescement; sa métonymie lui coûtait un très-beau plat d'argent massif.

Dans la famille des perdrix, on distingue la grise, la rouge et la bartavelle, qui est la grosse perdrix rouge. Si notre illustre prédécesseur, Grimod de la Reynière, a pu écrire, dans son *Almanach des Gourmands,* que la différence d'une perdrix rouge à une perdrix grise est la même que celle d'un cardinal à un évêque, nous sommes autorisés à dire qu'il y a autant de distance entre la bartavelle et la perdrix rouge qu'entre le pape et un cardinal.

Pour découper un perdreau, vous enlevez d'abord la cuisse et l'aile droite, ensuite la cuisse et l'aile gauche, puis vous divisez le corps dans le sens de la longueur. Ce rôti demande à être accompagné de bigarrades ou oranges amères. Les perdreaux seuls se font rôtir, les vieilles perdrix se mangent en ragoût.

La caille, cet oiseau cher aux créanciers, parce que son chant : Paie tes dettes! articule une phrase qui leur est familière, se sert bardée et enveloppée d'une feuille de vigne ; elle se partage par moitié comme la bécassine. Il en est de même du râle de genêt et de la mauviette.

CAILLE.

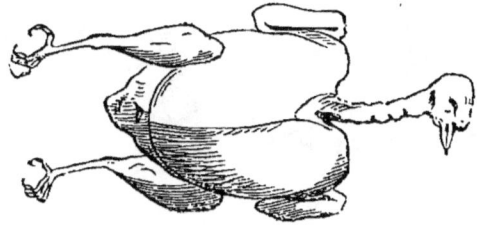

L'engoulvant ou le crapaud-volant, malgré son vilain nom et sa hideuse tête, est un manger fort délicat; on le découpe comme le perdreau. Il en est de même du pluvier.

La grive revêt la même enveloppe que la caille, et se découpe soit par membre, soit par la moitié.

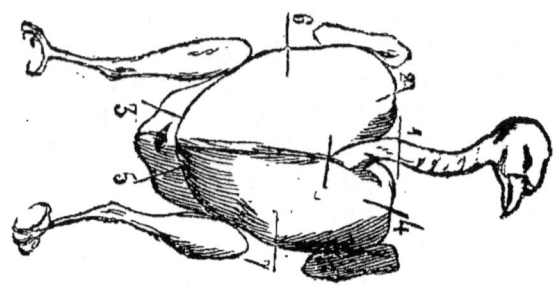

Un axiôme bien connu est celui-ci : A défaut de cailles, on prend des grives! C'est de la résignation. Mais quand on y ajoute : A défaut de grives, on prend des merles! c'est du désespoir.

Le becfigue se coupe en quatre.

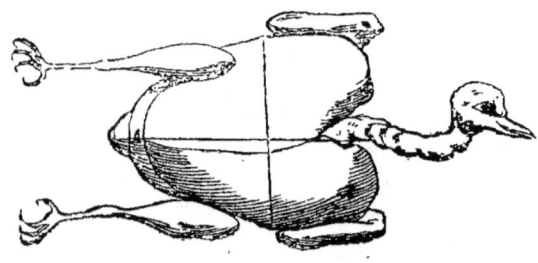

L'ortolan ne se divise pas; aussi l'a-t-on surnommé : *la bouchée du gourmand.*

Nous avons gardé le faisan pour la bonne bouche; aussi splendide que le paon comme plumage, il offre une chair bien supérieure à cet oiseau favori des Mérovingiens et des Carlovingiens.

Le faisan, le trésor le plus réel qu'ait rapporté Jason de son expédition en Colchide, se découpe comme le perdreau ; seulement on divise les cuisses en deux morceaux, les ailes en trois et la carcasse en six.

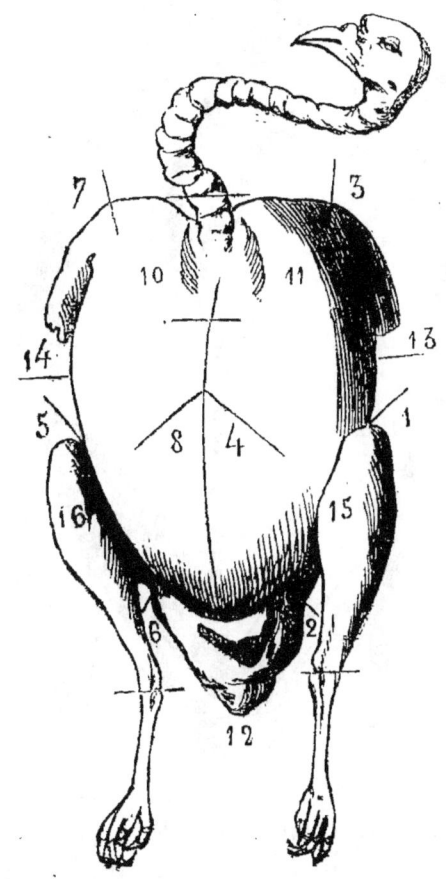

CHAPITRE V.
De la Volaille.

LE COQ D'INDE.

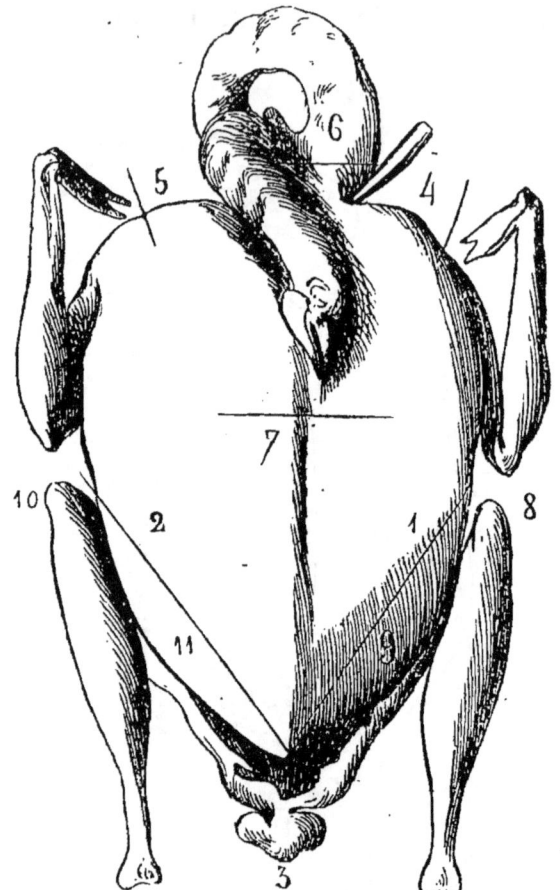

Le premier coq d'Inde que l'on vit en France fut celui qu'on servit le 26 novembre 1570 à Mézières, au repas de noces de Charles IX et d'Élisabeth d'Autriche. La naturalisation de ce précieux animal est due aux Jésuites. On connaît trois manières de découper un dinde :

1º Vous coupez sur la largeur des ailes des filets en carré, et vous procédez de même sur toutes les parties charnues de la bête. Si elle est plus commode pour l'écuyer tranchant, cette méthode a le grave inconvénient de dissiper le jus de l'animal, de laisser autour de la carcasse les morceaux les plus délicats, et de priver les dames du plaisir de sucer les os, plaisir dont elles sont très-friandes.

2º Vous levez séparément les cuisses que vous réservez, et les ailes, que vous subdivisez en morceaux raisonnables. Ensuite, vous attaquez les sot-l'y-laisse et les blancs, puis vous brisez l'estomac, la carcasse et le croupion. (Voir la planche).

3º Après avoir détaché les ailes, vous brisez le corps au-dessus du croupion, qui reste adhérent aux cuisses, et forme avec elles une espèce de capuchon, vulgairement dit *bonnet d'évêque*. En petit comité, c'est la meilleure manière ; si vos convives sont nombreux, il faut adopter la précédente.

La seule différence pour les dindonneaux, c'est qu'on ne réserve pas les cuisses et qu'on les partage en deux ; en outre, les ailes ne doivent jamais être coupées en filets.

La poularde et le chapon se dissèquent de même ; on divise les cuisses en deux, les ailes en trois ; on laisse les blancs entiers, et l'on fait six morceaux de la carcasse et du croupion. (Voir la planche).

Ces volailles s'accommodent parfaitement du voisinage des truffes ; le tubercule qui enrichit le Périgord, parfume les chairs et leur confère, en quelque sorte, des lettres de grandesse. Un amphytrion soigneux fera truffer chez lui et sous son inspection, ses dindes et ses poulardes ; il évitera ainsi toutes les petites supercheries de la spéculation industrielle qui satisfait les yeux aux dépens de l'estomac; en compensation de dehors moins appétissants, l'intérieur sera plus confortablement meublé, et l'aphorisme : Mieux vaut être que paraître ! est vrai en cuisine comme en tout.

CHAPON.

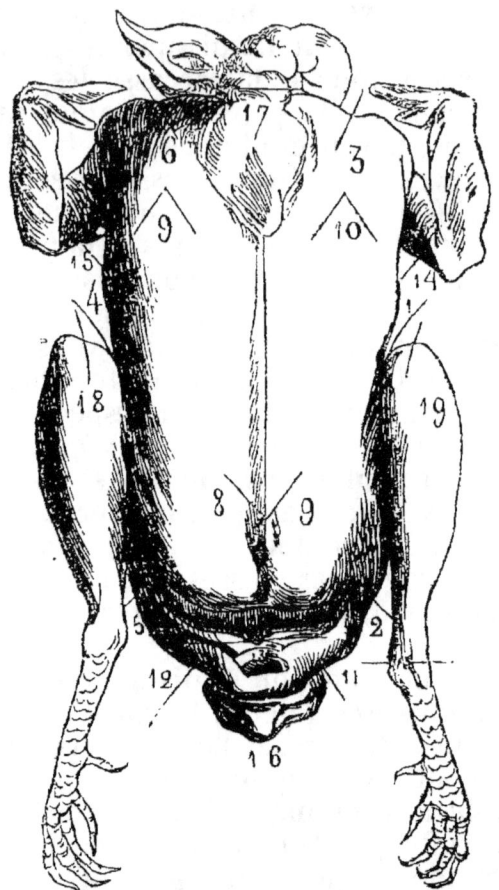

Molière, qui prenait son bien partout où il le trouvait, doit aux truffes le titre d'un de ses chefs-d'œuvre. Il dînait à Chantilly, chez le prince de Condé avec le secrétaire du nonce apostolique, sorte de moine à la face béate, au nez rubicond, aux pommettes enflammées, qui, avec un insolent appétit, n'ouvrait la bouche que pour manger et ne soufflait mot. Seulement, au second service, quand il vit paraître un plat de truffes à la serviette, dont la monstrueuse rotondité et la belle couleur noire décelaient assez la supériorité, il s'écria en joignant les mains : *Tartoffalli! tartoffalli!* mot italien qui signifie truffes. Son air de componction, son extase sensuelle frappèrent Molière qui retint son exclamation et en fit plus tard le nom de Tartuffe.

Rossini adore les truffes et l'on prétend qu'elles n'ont pas laissé que d'exercer de l'influence sur ses chefs-d'œuvre.

Un jour qu'il dînait chez Victor Hugo, voyant ce dernier mêler, selon son habitude, sur la même assiette, les ragoûts, les légumes, etc., et trouver le moyen d'annexer à cette *olla podrida* une notable portion de truffes à la serviette, l'illustre maëstro ne put retenir un cri de surprise douloureuse, et comme son amphytrion lui en demandait la cause, il lui signala son hérésie gastronomique et conclut ainsi :

— Comme poëte, je vous admire, mais je vous méprise comme mangeur.

La truffe au prix des pommes de terre fut, après l'ananas à bon marché, une des utopies dont notre grand Balzac, de si regrettable mémoire, poursuivit, sans succès bien entendu, la réalisation dans sa propriété des *Jardies*.

Byron l'appelle quelque part :

— Une rose qui se mange.

La dissection du poulet rôti se suivra facilement sur notre gravure :

POULET.

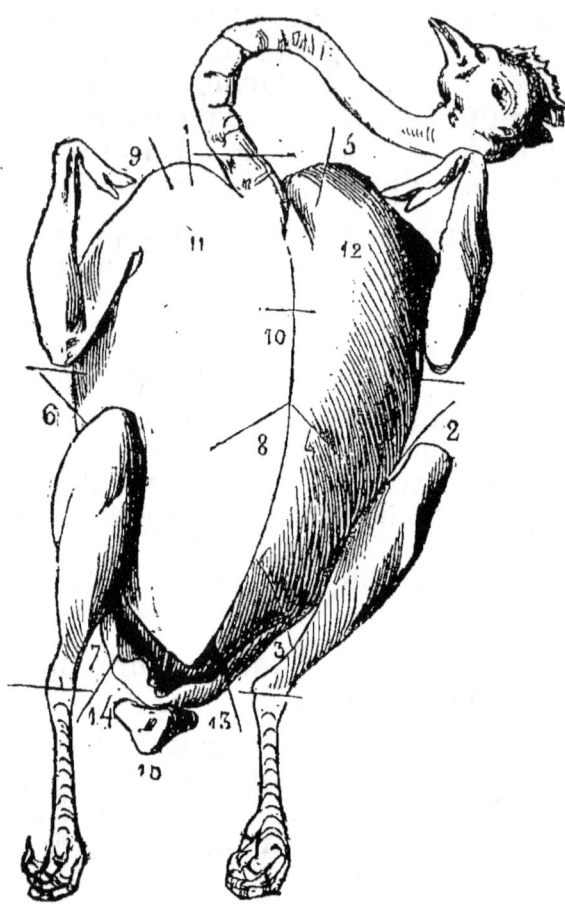

La poule bouillie et les compotes de poulets se découpent comme le chapon rôti.

L'OIE.

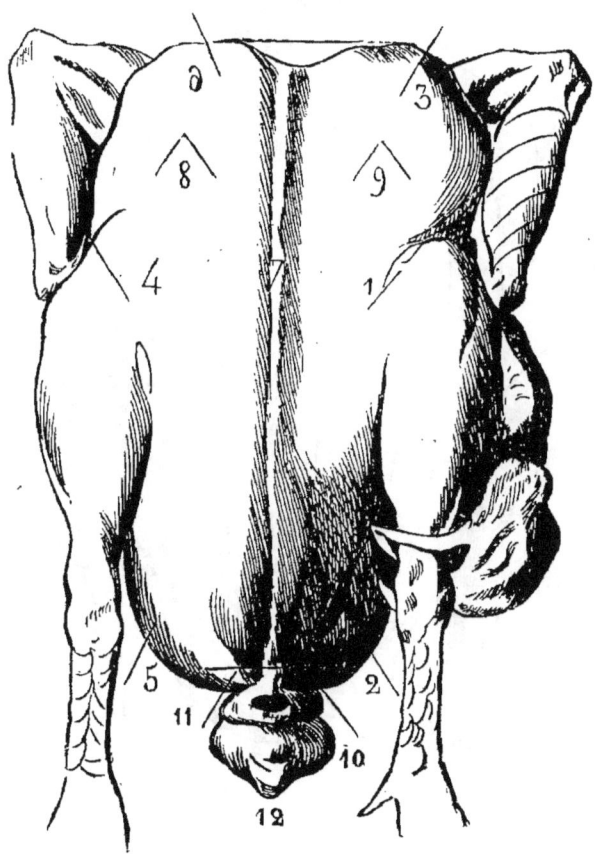

L'oie, que les petites maîtresses nomment l'a-
louette du savetier, se divise comme le canard

42

CANARD DOMESTIQUE.

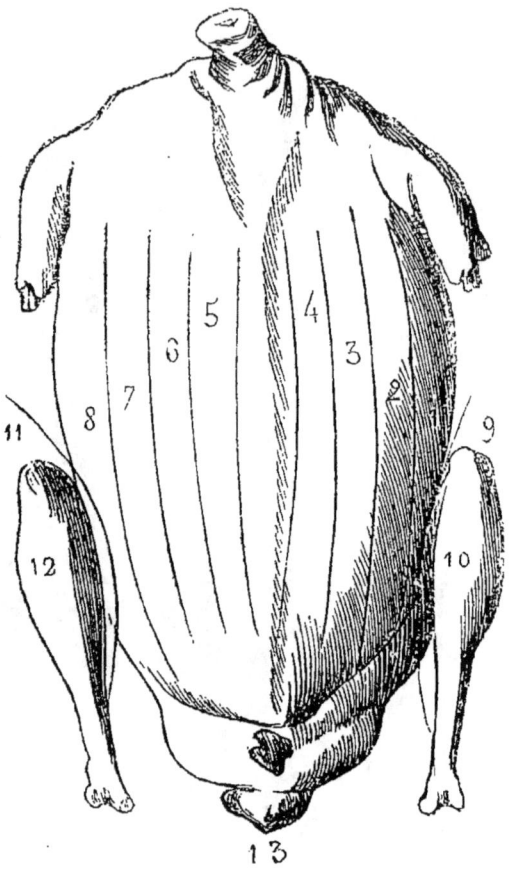

sauvage; il en est de même du canard domestique; ce dernier, servi en entrée, soit avec des navets de Jargeau, soit avec des olives, doit être assez cuit pour se découper à la cuillère, sauf les ailes qu'on détache avec la pointe d'un couteau. On sert de même, les compotes de pigeons.

A propos de l'oie, il nous revient en mémoire une anecdote que nous consignerons ici :

« M. Chauffeton, avocat du barreau orléanais, renommé pour sa gourmandise, fut un jour rencontré par un de ses clients qui l'invita à dîner. M. Chauffeton chercha à s'excuser, d'abord parce qu'on lui offrait la fortune du pot, ensuite parce que son client avait une réputation de ladrerie qui n'a rien de surprenant d'ailleurs dans la ville dont il s'agit, mais force lui fut de céder à des instances réitérées.

« Après un maigre potage gras qu'il eut beaucoup de peine à faire disparaître, l'avocat essaya de venir à bout d'un morceau de bouilli sec et filandreux, mais à l'annonce du rôti, il l'oublia sur son assiette, se promettant *in petto* de se dédommager sur le rôt de ses déboires successifs. Que devint-il en apercevant une oie rôtie dont les os perçaient l'enveloppe carbonisée ; la tête de Méduse ne l'aurait pas pétrifié d'avantage. Se levant d'un bond, il courut à son chapeau, prit la fuite et ne s'arrêta qu'au seuil extérieur de la demeur inhospitalière pour y écrire sur la porte :

« — Maison de mauvaise vie. »

Son plus grand regret fut d'avoir gagné la cause d'un homme qui se nourrissait si mal.

Ce même M. Chauffeton, lorsqu'il dînait en ville avait l'habitude d'emmagasiner les morceaux qui lui convenaient.

Un jour qu'il avait mis la main sur deux pattes de homard, il se trompa de poche et les glissa dans celle du voisin qui s'en apercevant, l'en remercia hautement, aux éclats de rire des convives et à la grande confusion du délinquant, — qui, au reste, recommença le lendemain.

Le pigeon rôti se partage en quatre comme le becfigue, ou en deux, dans le sens de la largeur; la portion des ailes s'appelle le chérubin, la portion des cuisses la culotte. En petit comité, quand *on ne fait pas de cérémonie*, on le coupe longitudinalement, ce qui est, après tout, la manière la plus équitable.

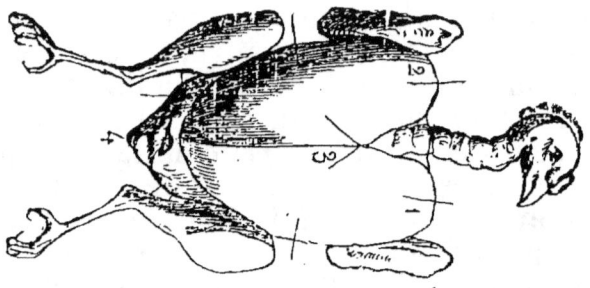

CHAPITRE VI.

Du Poisson.

La truite nous vient du lac de Genève et de la Meuse; en France, on en pêche d'excellentes dans la Nère, petit ruisseau du Berry.

Pour servir la truite, on trace avec la truelle une ligne partant de la tête jusqu'à quelques pouces de la queue, et d'autres qui, prenant de celle-là, viennent aboutir à la circonférence du poisson (voir la planche). Les morceaux ainsi partagés, on les sert aux convives sur la truelle.

La carpe se divise comme la truite; seulement, on enlève la peau et les écailles. La tête s'offre au plus distingué des convives; elle est recherchée à cause de la langue. Nous ferons observer, en outre, que les portions du dos sont plus délicates que celles du ventre. Une carpe *brème* a plus de succulence que toutes les autres. En France, les carpes de Seine sont estimées à juste titre; on leur préfère celles du Rhin. Mais il est bon de dire que la plupart des poissons qu'on nous vend ici sous cette dénomination sont tout bonnement des carpes des étangs de la Lorraine allemande, qu'on fait dégorger à Strasbourg dans la rivière d'Ill. En 1786, on montrait dans les réservoirs du pêcheur du roi, en ladite ville, une carpe qui avait fait trois fois le voyage de Paris et était revenue faute d'acheteurs. On en demandait vingt-cinq louis.

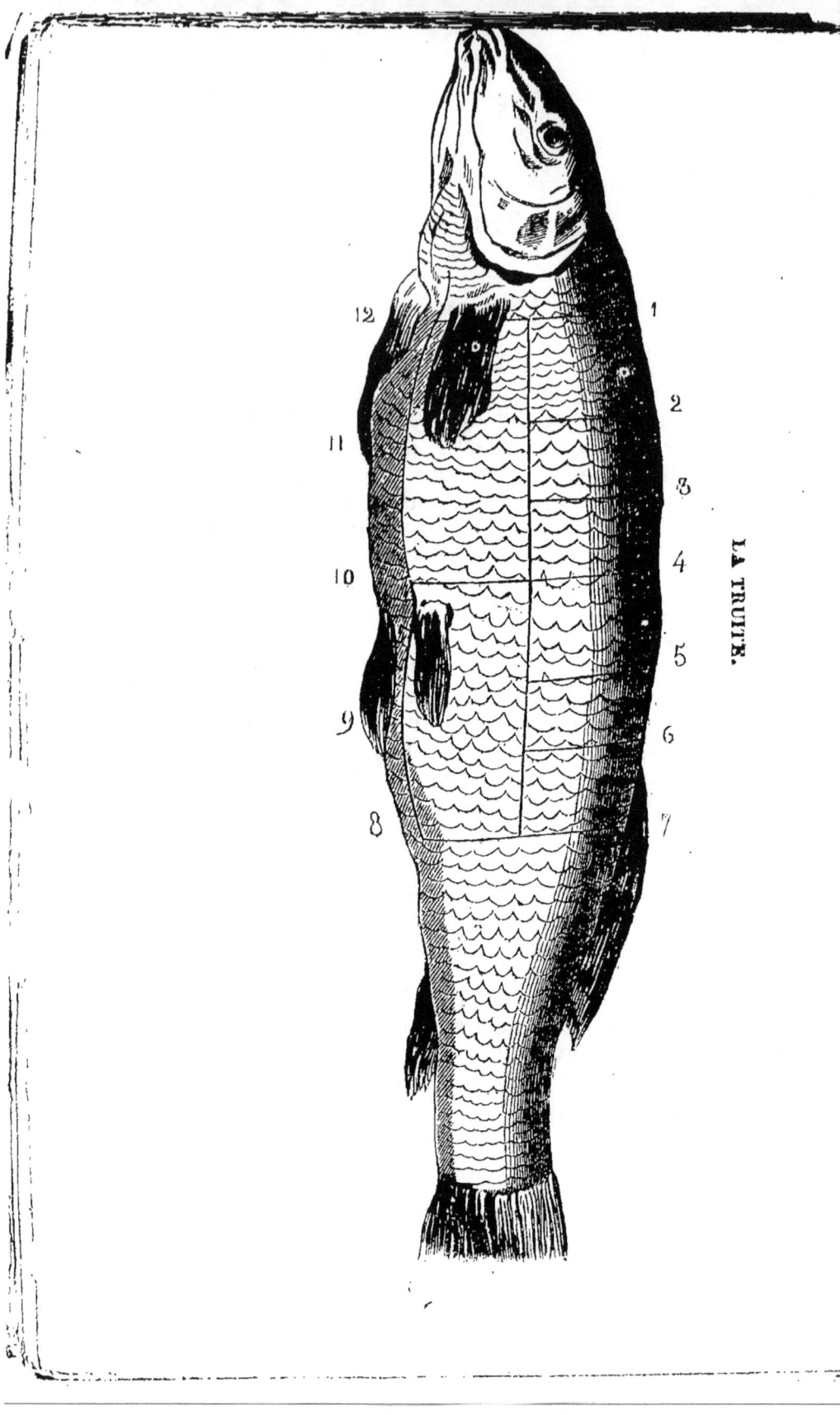

Le brochet se divise en deux moitiés ; on enlève la grosse arête et l'on coupe les morceaux de manière à ce qu'ils participent également du ventre et du dos. La tête, où, avec les yeux de la foi, l'on trouve tous les instruments de la Passion, s'offre aux dames. Le barbeau et le saumon se servent comme la truite ; le cabillaud comme le brochet.

Le turbot, que nous avons réservé pour finir, est, à bon droit, nommé le *prince de la mer*.

TURBOT.

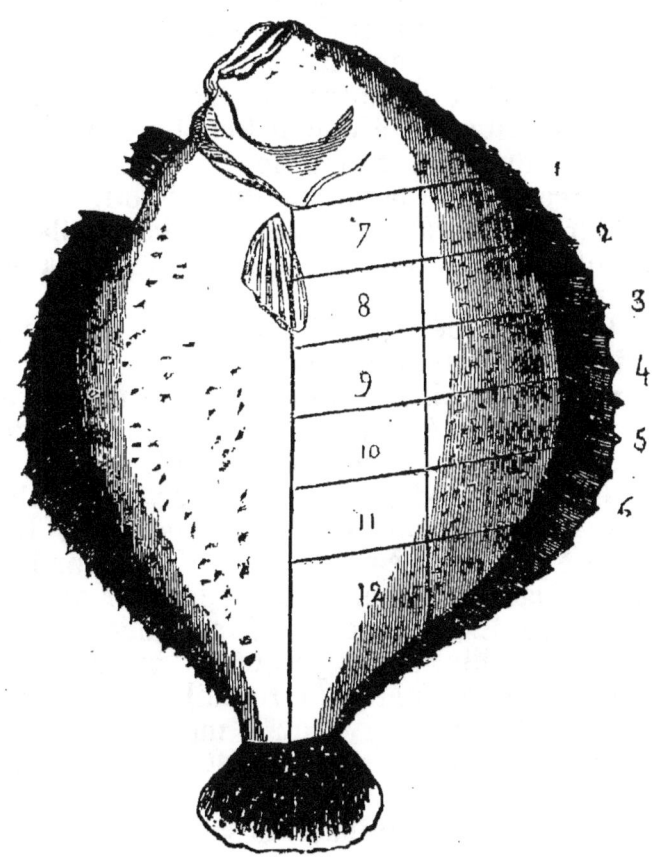

On trace une croix sur son ventre en pénétrant jusqu'à l'arête; après, on tire des lignes transversales depuis le milieu jusqu'aux barbes, et on envoie ces morceaux aux convives. Lorsqu'on a servi le ventre, on enlève l'arête et l'on procède de même pour le dos, qui est un peu moins estimé. Les barbes du turbot sont une friandise très délicate.

On le mange soit à la sauce au beurre, soit à l'huile. N'oublions pas que la langue du turbot est le morceau d'honneur, et qu'on doit toujours l'offrir au convive le plus qualifié.

Cambacérès affectionnait les langues de turbot; aussi ce poisson figurait-il souvent sur sa table, où d'Aigrefeuille, son ami et son commensal, exerçait les fonctions d'écuyer tranchant. Un jour, on avait servi un turbot gigantesque, digne frère de celui qui eut l'honneur de diviser le Sénat romain; l'archichancelier dit à d'Aigrefeuille:

— Envoyez-moi la langue du poisson.

D'Aigrefeuille, avec la pointe de la truelle, ouvre la gueule du pleuronecte, et répond que la langue est absente.

— C'est fort désagréable, réplique le prince, et les choses en demeurent là.

A deux ou trois reprises, le même fait se renouvelle, et Cambacérès n'y tenant plus, mande son maître-d'hôtel qui arrive tout effaré.

— Comment vous arrangez-vous donc? lui demande-t-il, en fronçant les sourcils; tous les turbots que vous me servez sont veufs de leur langue; seriez-vous assez ignorant pour la jeter au rebut?

— Votre Excellence me pardonnera, murmure le pauvre diable, rouge jusqu'aux oreilles, mais je n'ai fait qu'obéir à M. d'Aigrefeuille qui m'a recommandé de la détacher et de la mettre sous la queue de l'animal où elle est, votre Excellence peut s'en convaincre.

— Voyons; et Cambacérès saisissant le plat, lève

la queue du turbot sous laquelle, en effet, se cachait la langue onctueuse et appétissante. Bien, bien, ajoute-t-il en l'avalant, mais à l'avenir, vous n'achèterez que des turbots régulièrement conformés ; quoique puisse vous dire d'Aigrefeuille ; je n'aime pas les phénomènes.

CHAPITRE VII.

Prescriptions utiles.

Voici un résumé succinct de l'art de la dissection, nous espérons que la lecture en sera profitable à nos abonnées, auxquelles nous rappellerons que donner un dîner dont on ne sait point faire les honneurs, équivaut à un tableau de Raphaël entre les mains d'un aveugle.

Nous terminerons par quelques formules sur les obligations respectives de l'amphytrion et des convives. Toute invitation gourmande doit être libellée par écrit; on est tenu d'y répondre dans les vingt-quatre heures; ce délai passé, on est considéré comme acceptant, et l'on ne peut plus s'en dégager; l'amphytrion est, du reste, tout aussi étroitement lié. Il faut éviter de se faire attendre, et, cet effet, l'invitation écrite doit être régulière : cinq heures signifie six; cinq heures *précises*, cinq heures et demie; cinq heures *très-précises*, cinq heures. L'amphytrion peut ne paraître dans le salon où l'attendent les convives que cinq minutes avant le repas; il y fera servir le *coup d'avant*, vermouth, absinthe ou bitter, si l'habitude en est prise chez lui. Son premier soin doit être de présenter ses invités les uns aux autres. A l'annonce du dîner, on passera dans la salle à manger, l'amphytrion ouvrant la marche. Chacun se placera suivant l'indication qui lui en sera donnée, ou par le maître de la maison ou par le bulletin placé sur sa serviette. Pour servir le potage, on emploiera la méthode imaginée par Mlle Émilie Contat, de la Comédie-Française, c'est-à-dire que chaque convive le trouvera tout versé dans son assiette. Tout le monde sait que la serviette ne se met que sur les genoux, qu'on ne se sert pas de sa fourchette pour la dégustation du potage, qu'on doit après elle laisser sa cuiller dans son assiette, que le pain se casse et ne se coupe pas, que sauf *le coup du médecin*, il faut mouiller le vin ordinaire, qu'on doit briser les coquilles d'œufs frais et ne rien laisser, ni dans son assiette, ni dans son verre.

L'amphytrion est seul chargé de la distribution des vins d'entremêts et de dessert; on attendra qu'il en offre, sans jamais lui en demander. On veillera en tendant son assiette, à ce qu'elle soit toujours blanche ; les mains ne doivent jamais quitter la table, mais il ne faut pas y poser les coudes. Le devoir principal de l'amphytrion est de s'occuper individuellement de chacun de ses convives, de leur fournir l'occasion de briller; en revanche, ceux-ci doivent se mettre en frais d'esprit, et réaliser le mot du parasite Montmaur, qui disait à ses amis :

— Fournissez les viandes et le vin, moi, je fournirai le sel.

On évitera soigneusement toute discussion de nature à devenir orageuse, pour ne pas mériter l'apostrophe de ce même Montmaur :

— De grâce, Messieurs, un peu de silence, on ne sait plus ce qu'on mange !

Quand un convive veut se retirer, il doit le faire sans en prévenir personne pour éviter toute espèce de dérangement. Les visites de digestion sont obligatoires, et se rendent en personne dix jours au plus, cinq jours au moins après le repas auquel on a été invité.

Il y avait bien encore autrefois une autre visite, dite *visite d'appétit*, qu'on rendait aux personnes chez lesquelles on était habitué de manger, quand on se croyait mis en oubli par elles, mais elle est tombée en désuétude, et nous ne la rappelons que parce qu'elle peint, d'un trait cru et original, toute une époque.

Notre tâche est terminée, Mesdames, pardonnez les fautes de l'auteur.

CHAPITRE VIII,

De la Salle à manger.

Nous empruntons au savant M. Fayot les prescriptions suivantes :

Une salle à manger est construite en marbre ou en stuc, parquetée ou pavée en mosaïque, couverte l'hiver d'un riche tapis et découverte l'été; un passage en moquette est tracé derrière les convives pour garantir le tapis. En été, lorsque le tapis est enlevé, ce passage est conservé tel quel, afin que les invités ne soient plus distraits par le bruit des pas et du service.

Un beau lustre est suspendu au plafond, et des étagères aux consoles en acajou sont placées autour de la salle. Une distance de cinq pieds au moins est laissée entre la table et ces étagères.

La table est en acajou, les rallonges en chêne; calculez sa longueur de manière à laisser une place de vingt-quatre pouces à chaque convive; sa largeur est mesurée sur ce qui est destiné à en garnir le milieu, c'est-à-dire d'après le plateau, le surtout, les candélabres, le dessert, le service des mets, d'après la place que tiennent les hors-d'œuvre d'office, les salières, les verres, les carafes, etc. La nappe est précédée d'une légère couverture de laine, d'un drap de peau souple et mince; les nappes, les napperons, les serviettes, sont, suivant le goût et la fortune, d'un beau saxe ou d'un beau damassé français, blancheur éblouissante.

Le plateau se place au cordeau; il se compose de cinq pièces en bronze doré; même nombre de candélabres, même nombre de pièces pour le service du dessert. D'élégantes figures décorent le surtout. Ces objets ne peuvent être touchés qu'avec du linge fin ou du papier Joseph. La pièce du milieu est placée sous le lustre; viennent ensuite et autour douze candélabres en bronze doré, chacun avec sept bougies. On place aux deux bouts deux autres grands candélabres à deux branches, garnis de dix ou douze bougies. Le dessert, rangé autour du surtout, est dressé dans des coupes, des tambours, des assiettes montées et des compotiers en cristal et en bronze.

Conservez, entre le dessert et les assiettes des convives, l'espace nécessaire pour placer quelques napperons pareils à la nappe; ces napperons s'enlèvent au troisième service. C'est sur cette distance ménagée que vous placez les cloches et les boules destinées à recevoir les services de la cuisine, les hors-d'œuvre d'office, les salières, les carafes pour le vin, pour l'eau, etc. Lorsque les salières sont doubles, il y en a une pour deux personnes; les plus distinguées doivent être posées au centre et aux deux bouts de la table, c'est-à-dire aux places d'honneur. Des ronds de bouteilles sont portés entre chaque convive; partant, pour un couvert de trente personnes, quinze pour les carafes de vin, quinze pour les carafes d'eau. Le champagne se frappe dans six seaux d'argent remplis de glace qui jaillissent au milieu du service. Le champagne se verse toujours une assiette au-dessous de la bouteille; on échappe ainsi à l'effet de quelques distractions naturelles au milieu du feu du dîner et des conversations.

Toutes les assiettes sont placées au cordeau, à distance égale. Le couteau, la cuiller et la fourchette sont à droite; la cuiller, écartée légèrement, laisse voir les armoiries et chiffres gravés sur la fourchette.

Chaque convive dispose de quatre verres de très-beau cristal; c'est de la lumière pure: verre pour le vin de Madère, *idem* pour le vin ordinaire, *idem* pour le vin de Champagne, *idem* pour le vin de Bordeaux. Les verres pour vin du Rhin sont en réserve sur un plateau; on ne les place pas d'abord sur la table.

Le couvreur met sur la même ligne les carafes de vin et d'eau. Les serviettes doivent être pliées avec goût sur les assiettes; le petit pain est dessus. Les assiettes à potage ne sont pas sur la table; on les tient très-chaudes sur une autre table où le maître-d'hôtel sert le potage.

Les assiettes de dessert sont prises sur les étagères ou consoles; elles sont déjà garnies d'un couteau—en acier, — vermeil, — d'un couvert de vermeil, d'une petite serviette très-fine, le tour brodé ou garni d'un petit effilé. Un petit pain au lait est partie intégrante du dessert.

Les boules, les cloches d'argent, l'argenterie entière sont correctement alignées sur les napperons destinés à recevoir les entrées et les grosses pièces. Les boules, qui attendent les entrées chaudes, sont allumées à la bougie, dix minutes avant qu'on ne monte le premier service.

Il faut, en même temps qu'on dresse le service, parfumer la salle à manger. Une excellente salle à manger a deux portes, celle d'entrée pour les convives, et celle du service. Cette dernière s'ouvre sur une salle qui tient à la salle à manger; on y place l'entremets et le rôt un peu avant d'enlever le premier service; on y dépose tout ce qui entre dans la salle à manger et tout ce qui en sort.

Le dessert, paré d'avance autour du surtout, est composé ainsi : 2 corbeilles ovales couronnées d'ananas; 4 corbeilles rondes chargées de fruits divers; 8 assiettes montées de candis; 8 tambours de tirage; 8 compotes diverses; 8 tambours de petits-fours; 8 assiettes de caramel; total 46. Un beau service doit être en bronze doré pareil au surtout; les coupes sont en cristal.

Les hors-d'œuvre sont placés sur seize plateaux en cristal garnis de bronze; les deux candélabres, portés aux deux bouts, se trouvent entre le plateau et une corbeille ovale; et, entre celle-ci et une assiette montée, on pose un candélabre ordinaire.

Voilà, même en ne nous arrêtant ici qu'à l'extérieur du service, tout un poëme sur cette fine et élégante table de Paris, qui, plus que jamais, est digne d'être la leçon de l'Europe opulente ou aisée, — de réunir autour d'elle toutes les individualités aimables, puissantes, riches, spirituelles, toutes les belles classes, tous les âges, toutes les santés; car tous avec de la mesure y puisent un nouvel essor.

LE CAFÉ.

Je terminerai, si l'on le veut bien, cette étude gastronomique sur la toilette de la table comme on termine un bon dîner, par un petit essai sur le café, et pour cela, je prendrai la liberté grande de me citer moi-même après tous ces grands noms des maîtres de l'art; aussi bien, ai-je cherché dans ce travail à résumer les opinions des connaisseurs les plus érudits et les plus illustres.

« Il a été beaucoup écrit sur le café: poètes, antiquaires, médecins, naturalistes, se sont escrimés tour à tour sur l'histoire, les propriétés, les agréments et les inconvénients de cette liqueur, qui joue aujourd'hui un rôle si important dans la gastronomie moderne.

» A quel époque peut-on faire remonter l'usage du café? C'est ce que personne n'oserait affirmer. Les téméraires de la science archéologique vont jusqu'à prétendre que le fameux *népenthès* dont parle Homère dans l'Iliade, et qu'il fait servir par la sensuelle Hélène à Télémaque pour le réjouir, n'était autre chose que notre café lui-même. Une dame égyptienne avait fait cadeau du népenthès à Hélène comme d'un philtre exhilarant. Suivant Homère, la charmante femme de Ménélas aurait mêlé ce philtre à du vin, ce qui devait constituer une sorte de *gloria* primitif. Du reste, on sait que les Orientaux donnent la dénomination de vin ou *kawa* à toutes les boissons; en outre il est question dans Avicenne, d'un *vinum elcahue*, qui permet de croire qu'on a préparé du café au vin. Personnellement, j'estime trop le mélange de café et d'eau-de-vie pour admettre que le café au vin ait jamais pu être une liqueur exquise.

» D'autres savants prétendent trouver la première notion du café dans la Bible. Le *kali*, dont Abigaïl offrit cinq mesures aux guerriers qui accompagnaient le roi David, serait, suivant eux, la même chose que le *kawa*, le *cahué* ou le *café*. Ce n'est pas toutefois l'avis des rabbins, qui assurent que le *kali* était de l'orge torréfiée. S'il faut en croire la tradition musulmane, le café n'était point découvert à ces époques reculées, puisqu'il fut révélé à Mahomet par l'ange Gabriel.

» La première notion véritablement et certainement historique du café qu'on trouve dans les annales modernes fait remonter sa découverte au treizième siècle de notre ère. Un derviche de l'ordre des schazilys, habitant dans les environs de Mecca, en Arabie, fut le premier, nous dit l'historien Ahmet Effendi, qui eut l'idée de goûter cette fève et d'en composer une décoction.

» S'il en est ainsi, je suis tout prêt à voter une statue à ce derviche, dont l'histoire, ingrate pour les vrais bienfaiteurs de l'humanité, a négligé de conserver le nom. Je déclare que je le mets bien au-dessus de ce Guillaume-le-Conquérant que vient de *statufier* la ville de Falaise, voire de M. Leverrier en personne. Je pense comme Brillat-Savarin mon maître, que la conquête du café a été au moins aussi utile à la société et à la civilisation que la conquête de la Grande-Bretagne et que la conquête de la nouvelle planète. O hommes, quand saurez-vous donc connaître et choisir, pour les honorer dignement, les plus utiles des grands génies !

» Quoi qu'il en soit, c'est au moyen des voyages et des guerres que l'usage du café arriva de l'Arabie à l'Europe, en passant par la Perse, l'Abyssinie et la Turquie. C'est, dit-on, le muphti Djemel Eddin, surnommé Dhabbani, qui de Perse rapporta le café à Aden, sa patrie, capitale d'un petit Etat de l'Arabie situé sur le détroit de Babel-Mandel, non loin de Moka. Dhabbani mourut en 1459, et pendant plus d'un demi-siècle encore l'usage de cette liqueur divine fut concentré dans la presqu'île arabe ; je ne sais si l'on continuait à en prendre en Perse ; toujours est-il que ce n'est qu'en 1517, lors de la conquête de l'Egypte par Sélim, que le café fit son entrée à Constantinople.

» A la fin du seizième siècle seulement, il fut question du café en Europe pour la première fois. C'est dans un livre du docteur Rauwalff, botaniste allemand qui avait voyagé en Asie, qu'on trouve la première note à ce sujet : elle date de 1583. Peu de temps après, en 1592, Prosper Alpini, médecin vénitien, dans son traité *de plantis Ægypti*, publia une description de l'arbre du café, désigné en Egypte sous le nom de *bon*, de *bun* ou de *boun*.

» Le célèbre garçon qui a servi successivement au café de Foy et au café de la Rotonde, et que la puissance de sa voix de basse-taille avait fait surnommer Lablache, connaissait-il cette dénomination égyptienne de l'arbre à café, lorsqu'il s'écriait en réponse au garçon qui commandait de verser : *Boun!!!* Une telle érudition peut-elle se concilier avec une voix si creuse ?

» Il est question de la liqueur orientale dans un ouvrage de Bacon, imprimé en 1614, et dans un traité de Misner qui porte la date de 1621. Mais ce n'était encore là que des mots et il y avait plus de soixante ans que le mot était introduit en Europe, quand le café lui-même vint s'y révéler et y surpassa tout ce que la renommée avait dit de lui. Il entra en Europe par l'Italie, en 1645; sept ans plus tard, en 1652, on ouvrait des cafés à Londres ; et Paris, le retardataire Paris, ne connut le café qu'en 1669. J'en trouve la première mention dans la gazette de cette année 1669, et j'y lis que, le 19 novembre, le marquis de Lyonne, ministre du roi au département des affaires étrangères, ayant donné à Surène une audience à l'envoyé turc (vraisemblablement Soliman-Aga), il y fut fait usage du *cavé*. Il n'est pas impossible qu'on en eût pris déjà dans quelques maisons particulières. Car, bien qu'on n'allât point encore de Londres à Paris en onze heures, il est peu probable qu'on ait vu des cafés ouverts en Angleterre depuis dix-sept ans, et en Italie depuis vingt-deux ans, sans être tenté d'importer en France un essai quelconque de la liqueur qui se débitait dans ces établissements.

» Le café devint tout de suite un objet de mode et de haute recherche ; il ne coûtait pas moins de 40 écus la livre, prix exorbitant qui ne le rendait accessible qu'aux plus grandes fortunes. La chronique ne nous dit pas quel était le prix de la demi-tasse lors de l'ouverture des premiers cafés ; mais, d'après l'ouverture de la graine, on peut juger que le consommateur devait payer une tasse de café sucré quelque chose comme un écu de six livres. C'est vers cette époque, à peu près, que madame de Sévigné, dans une de ses admirables lettres à madame de Grignan, risqua ce propos : *Racine passera comme le café*. Racine et la tragédie ont été quelquefois délaissés, mais jamais oubliés ; quant au café, il a passé dans nos mœurs, il est devenu une denrée de première nécessité.

» Pendant les premières années, on ne connut que le café à l'eau ; ce fut M. Nieukhoff, ambassadeur hollandais en Chine, qui eut l'idée de mêler du lait au café comme on en mêlait au thé. Ce mélange fut trouvé excellent et adopté d'un bout à l'autre de l'univers.

» Néanmoins, le café était toujours fort cher ; il semblait devoir rester un objet de luxe exclusivement réservé aux tables aristocratiques, aux grandes fortunes ; un seul pays le cultivait ; un seul pays, la péninsule arabique, était chargé d'en alimenter le monde entier. Heureusement les Hollandais, ces grands civilisateurs, qui, par leur génie commercial, ont rendu tant de services à l'humanité et à la gastronomie en transportant d'Orient en Occident, et réciproquement, les denrées et par conséquent les jouissances de chaque terre et de chaque climat ; les Hollandais eurent la pensée de transporter l'arbre à café de Moka à l'île de Java ; quelques années plus tard, en 1710, ils essayèrent aussi d'en cultiver plusieurs pieds à Amsterdam ; ils donnèrent des fruits assez productifs. Ce fut même d'Amsterdam que vint, en 1713, le pied donné au Jardin des Plantes de Paris par M. Resson, lieutenant-général d'artillerie, pied qui servit à Antoine de Jussieu à faire la première description botanique du caféyer ; cette description se trouve dans les Mémoires de l'Académie des Sciences de 1713.

» Il y avait sept ans que le Jardin des Plantes possédait des caféyers qui se multipliaient d'année en année, sans pouvoir toutefois faire l'objet d'une culture sérieuse, lorsqu'on imagina de tenter la naturalisation du café aux Antilles, dans des terres et sous un climat analogues à ceux de l'Arabie. M. Desclieux se chargea d'en emporter un pied. On raconte que pendant la traversée, qui fut longue, les rations d'eau potable ayant été diminuées, cet homme de bien aima mieux s'exposer aux tortures de la soif que de risquer de perdre son précieux arbuste faute d'arrosement. Bien précieux, en effet, était l'arbuste de M. Desclieux, car il fut le père des milliers de caféyers qui, sous le ciel de la Martinique, de la Guadeloupe, d'Haïti et des autres Antilles, ont fructifié depuis et fourni des éléments de nouvelles jouissances aux nouvelles générations européennes qui se succèdent depuis un siècle et demi. Honneur donc à M. Desclieux !

» Avez-vous vu des caféyers en fleurs ? C'est un plaisir que vous pourrez facilement vous procurer en allant visiter le Jardin des Plantes dans la saison. Vous verrez une fleur blanche, odorante, monopétale à cinq divisions, dans le genre de celle du jasmin. Quand la fleur est tombée, le fruit se développe ; c'est une baie d'abord rouge, qui devient noire en atteignant la maturité. Aux Antilles, les nègres sucent cette baie, qu'on dit un peu fade et légèrement sucrée ; par une fermentation prolongée, on en obtient un alcool. C'est dans l'intérieur de cette baie que se trouvent, renfermées dans une coque dite parchemin, les deux fèves accouplées qu'on torréfie pour en faire la divine décoction digne de porter le nom de nectar moderne. La coque elle-même sert aux Arabes et aux Orientaux pour préparer le *café à la sultane.*

» Peu vous importe, je pense, de connaître les propriétés médicales du café non torréfié, qui, pris en décoction, coupe, dit-on, les fièvres intermittentes, et remplace avantageusement le quinquina ; vous savez, du reste, que, dans les campagnes, le café torréfié est aussi employé à forte dose contre la fièvre.

» L'influence du café sur les divers organes de l'homme a été l'objet des études de beaucoup de physiologistes, de médecins et de gastronomes.

» Brillat-Savarin, qui s'est occupé de l'origine, de l'influence et de la préparation du café, raconte, d'après une vieille tradition, que le café fut découvert par un berger qui « s'aperçut que son troupeau était dans une agitation » et une hilarité particulières toutes les fois qu'il avait » brouté les baies du cafier » ou caféyer. Mais, en homme profondément juste et sensé, il rapporte l'honneur de sa découverte, non au berger, mais à l'homme qui, le premier, eut l'idée de torréfier la graine et d'en faire une décoction.

» Le maître ne s'occupe de l'influence du café qu'en ce qui concerne les organes de la pensée ; il constate purement et simplement que le café tient l'esprit et les yeux éveillés ; il attribue la prodigieuse lucidité de Voltaire et la chaleur enthousiaste de Buffon à l'usage peu modéré qu'ils faisaient du café. Il est certain cependant que le café exerce aussi une influence très-bienfaisante sur l'estomac, qu'il facilite et accélère la digestion et dissipe les fumées des boissons alcooliques. Après un dîner ordinaire, le café est une liqueur agréable ; il est indispensable après un dîner d'extra.

» Il y a pourtant des médecins qui ont défendu, qui défendent encore l'usage du café, particulièrement aux hommes de lettres : tel est le docteur Hahnemann, un des pères de l'homéopathie, qui le compare aux poisons les plus violents. On sait que Voltaire, Fontenelle, Delille, Napoléon, prenaient tous les jours, et à plusieurs reprises, de ce poison, que Fontenelle appelait *poison très-lent.* Les trois premiers ont dépassé les limites ordinaires de la vie. Quant à Napoléon, ce n'est certes pas le café qui l'a tué.

» Je crois, quant à moi, que l'usage du café n'offre aucun danger aux organisations bien constituées, et, de plus, qu'il contribue au bien-être de chacun en donnant à l'homme qui pense un supplément de vie cérébrale et gastrique, en prêtant de l'activité et du ressort à tous les organes, à tous les sens, et principalement aux plus délicats, aux plus subtiles, à ceux qui tiennent de plus près aux fonctions spirituelles de l'être humain.

» Vous connaissez ces arbustes dont on multiplie les floraisons et les fructifications, dont les fleurs deviennent plus vives de coloris, plus variées de nuances, plus finement parfumées à l'odorat, les fruits plus délicatement savoureux, au moyen de certaines cultures artificielles qui accroissent la valeur de l'espèce, sans nuire à l'existence et à la force de l'individu ; tel est, je crois, l'effet que produit sur l'homme et sur la race humaine l'usage de cette suave liqueur que nous avons empruntée aux Orientaux. »

FIN.

TABLE.

CHAPITRE I. — Résumé historique. — Un mot de Mirabeau. — Une page de Montaigne. — La mort de Vatel. — Les plaideurs de Racine. — Une anecdote impériale. — Les nobles cuisiniers. — Du premier soin de l'écuyer-tranchant.   5

CHAPITRE II.	Les viandes de boucherie.	12
	Le bœuf.	12
	Le veau.	14
	Le mouton.	16
	Le sanglier et le cochon.	20
	Le chevreau et l'agneau.	23
CHAPITRE III.	Le gibier à poil.	25
	Les lapins.	25
	Le lièvre.	26
	Le chevreuil.	26
CHAPITRE IV.	Le gibier à plume.	27
	L'outarde.	27
	Le canard sauvage.	28
	La sarcelle.	29
	Le morelle.	30
	La bécasse.	31
	La perdrix.	32
	La caille.	33
	Le râle du genêt.	33
	La mauviette.	33
	L'engoulevent.	
	Le pluvier.	

	La grive.	34
	Le becfigue.	34
	L'ortolan.	34
	Le faisan.	35
CHAPITRE V.	De la volaille.	36
	Le coq d'inde.	36
	Le chapon.	37
	Le poulet.	39
	L'oie.	41
	Le canard.	42
	Le pigeon.	44
CHAPITRE VI.	Le poisson.	45
	La truite.	45
	La carpe.	45
	Le brochet.	47
	Le barbeau.	47
	Le saumon.	47
	Le cabillaud.	47
	Le turbot.	47
CHAPITRE VII.	Prescriptions utiles.	50
CHAPITRE VIII.	De la salle à manger.	52
	Le café.	54

Bibliothèque de la Maîtresse de Maison.

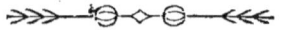

LE LIVRE DE LA DANSE.
LE LIVRE DU SAVOIR-VIVRE.
LE LIVRE DE LA CUISINE SIMPLIFIÉE.
LE LIVRE DE LA LINGERE.
LE LIVRE DE LA PATISSERIE SIMPLIFIÉE.
LE LIVRE DE LA PARFAITE COUTURIERE.
LE LIVRE DE LA BLANCHISSERIE EN FIN.
LE LIVRE DU TRICOT.
LE LIVRE DE LA PARFAITE MODISTE.
LE LIVRE DES FLEURS EN PAPIER.
LE LIVRE DE LA PARFAITE GLACIERE.
LE LIVRE DU CROCHET.
LE LIVRE DE LA DENTELLIÈRE.
LE LIVRE DE LA PIANISTE.
LE LIVRE DE L'ART DU CHANT.
LE LIVRE DE LA TOILETTE.
LE LIVRE DU JARDINAGE.
LE LIVRE DE LA VOLIERE.
LE LIVRE DE LA GYMNASTIQUE ET DE L'HYGIÈNE.
LE LIVRE DE LA MÉDECINE DOMESTIQUE.
LE LIVRE DU FILET.
LE LIVRE DE LA PARFUMERIE DE FAMILLE.
LE LIVRE DES ENFANTS.
LE LIVRE DE LA BRODERIE.
LE LIVRE DES DEVOTIONS DE L'ANNÉE.
LE LIVRE DES JEUX DE SALON.
LE LIVRE DE LA COMPTABILITE DES MENAGES.
LE LIVRE DES CONSERVES ET CONFITURES.
LE LIVRE DE L'AMAZONE ET DE LA SCIENCE ÉQUESTRE.
LE LIVRE DES SAINTES.
LE LIVRE DES DEVOIRS.
LE LIVRE DES RECETTES UTILES.
LE LIVRE DES BAINS ET DE LA NATATION.
LE LIVRE DES JEUX D'ESPRIT.
LE LIVRE DES OUVRAGES EN PERLES.
LE LIVRE DU DEGRAISSAGE RENDU FACILE.
LE LIVRE DES CHEFS-D'OEUVRE POETIQUES DES DAMES.
LE LIVRE DE REGLES DE JEUX DE CARTES.
LE LIVRE DES DAMES, ECHECS, TRIC-TRAC, ETC.
LE LIVRE DES PENSEES ET MAXIMES.
LE LIVRE DES PLAISIRS ET RECREATIONS.
LE LIVRE DE LA VOYAGEUSE.
LE LIVRE DU CELLIER ET DE LA CONSERVATION DES VINS.
LE LIVRE DE LA COIFFURE.
LE LIVRE DES DOMESTIQUES.
LE LIVRE DES CLASSIQUES DE LA TABLE.
LE LIVRE DU VERGER ET DES FRUITS.
LE LIVRE DE LA BASSE-COUR.
LE LIVRE DE LA CULTURE DES FLEURS.
LE LIVRE DES FÊTES DE LA FAMILLE.

CHAQUE OUVRAGE SE VEND SÉPARÉMENT.

Paris.—Imprimerie Bonaventure et Ducessois, 55, quai des Augustins.

www.ingramcontent.com/pod-product-compliance
Lightning Source LLC
LaVergne TN
LVHW021732080426
835510LV00010B/1210